LEE y APRENDE
LA BIBLIA

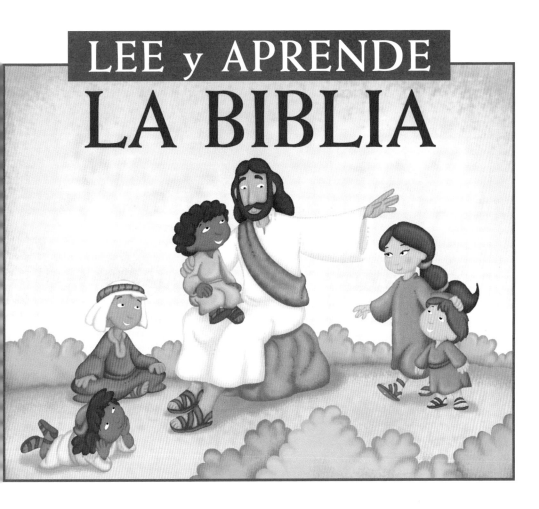

SCHOLASTIC INC.

New York   Toronto   London   Auckland   Sydney
Mexico City   New Delhi   Hong Kong   Buenos Aires

Originally published in English as *Read and Learn Bible*

Translated by Carmen Rosa Navarro

ISBN 13: 978-0-545-00339-1
ISBN 10: 0-545-00339-3

ABS logo trademark and copyright American Bible Society, 1865 Broadway, New York, NY 10023.

20   18 19 20

Stories retold by Eva Moore
Art by Duendes del Sur
Pencils by Walter Carzon
Color layout by Estela Karczmarczyk
Digital color by Silvana Brys
Book design by Joan Moloney

Printed in Malaysia   108
First Spanish printing, September 2007

BIENVENIDOS A LEE Y APRENDE: LA BIBLIA

Lee y Aprende: La Biblia es una colección de las historias favoritas del Antiguo y del Nuevo Testamento, redactadas para niños pequeños en base tanto a la versión inglesa *Contemporary English Version* (Versión inglesa contemporánea) de la American Bible Society como a la *King James Version*. Esta Biblia elaborada inicialmente para niños se ha publicado en colaboración con la American Bible Society, una organización sin fines de lucro que, desde 1816, tiene como única misión poner la Biblia al alcance del mayor número de personas posible para que todos puedan vivir su mensaje.

La combinación del prestigio de la American Bible Society con la experiencia de Scholastic en la edición de libros de enseñanza para niños ha dado como resultado una Biblia única para lectores jóvenes. Con esta Biblia, nos proponemos crear un nuevo tipo de material de lectura y una nueva experiencia de aprendizaje para niños entre cinco y ocho años. El texto no solo es fácil de leer; sino que también contiene información que subraya el significado y amplía la dimensión de las historias a lo largo del texto. Además, al final del libro, hay un suplemento titulado *Páginas para los padres*. El Dr. Richard Bimler, miembro de la Wheat Ridge Foundation, es el autor de esas páginas que sugieren a los padres compartir la lectura de la Biblia con sus hijos y ayudarlos a entender materias de fe y de virtud cristianas. Finalmente, hemos reunido a un grupo de artistas y diseñadores excelentes para que las ilustraciones de esta Biblia sean excepcionales.

CON ESPECIAL AGRADECIMIENTO A:

Eva Moore, autora de docenas de libros para niños y editora de Scholastic durante muchos años. Su bella adaptación para niños de las numerosas historias de la Biblia presentadas aquí será una fuente de inspiración para niños y padres.

Dr. Steven Berneking, estudioso de la Biblia y funcionario de traducciones del Instituto Eugene A. Nida de Estudios Bíblicos que lleva el nombre de su fundador, Eugene A Nida. El Dr. Berneking, pionero en la traducción moderna de la Biblia, nos ha ayudado a asegurar la exactitud de estas adaptaciones del texto bíblico.

Dr. Richard Bimler, presidente de Wheat Ridge Ministries desde 1991. Graduado de la Universidad de Valparaíso, ha trabajado durante la mayor parte de su carrera en las áreas de Servicio y Educación Cristiana para Jóvenes. Posee doctorados de Concordia College de Bronxville, Nueva York, y de Concordia University de Irvine, California. El Dr. Bimler es el autor de las *Páginas para los padres* de esta Biblia.

CONTENIDO

Historias del Antiguo Testamento

El Nuevo Testamento comienza en la página 239

EL ANTIGUO
TESTAMENTO

Los primeros siete días
GÉNESIS 1–2

Al principio, Dios hizo el cielo y la tierra. Todo estaba oscuro y vacío. Entonces, Dios dijo: «Que haya luz», y hubo luz. Dios llamó «día» a la luz y «noche» a la oscuridad. Y ese fue el primer día.

Entonces, Dios dijo: «Que haya un firmamento en medio de las aguas». Y así sucedió. Ese fue el segundo día.

El tercer día, Dios dijo: «Que aparezca suelo seco».
Dios llamó «tierra» al suelo seco y a las aguas las llamó
«mar». Y Dios vio que eso era bueno y dijo: «Que crez-
can plantas y árboles por toda la tierra. Que den semillas para que broten más plantas y más árboles». Y así
sucedió.

El cuarto día, Dios creó dos lumbreras: La más grande
para gobernar el día y la más pequeña para gobernar la
noche. También hizo las estrellas y las colocó en el cielo
para que iluminaran la tierra de día y de noche.

La lumbrera más grande se llama sol; la más pequeña, luna.

Entonces, Dios dijo: «Que las aguas se llenen de peces y que revoloteen aves con alas sobre la tierra». Y eso sucedió el quinto día.

El sexto día, Dios creó animales para que vivieran en la tierra. Creó ovejas, vacas y los demás animales. Hizo criaturas que se movían por toda la tierra. Creó animales salvajes de todas las formas y tamaños.

Y luego dijo: «Hagamos al hombre a nuestra imagen y semejanza para que mande sobre los peces y las aves y sobre todas las demás criaturas vivientes». Así creó al hombre.

Dios vio que todo lo que había creado era muy bueno. Y el séptimo día, descansó.

El jardín de Dios
GÉNESIS 2

Dios había plantado un jardín en el Oriente, en el Edén. Creó toda clase de árboles para el jardín. Los árboles eran hermosos y estaban llenos de frutos buenos para comer.

Dios tomó al hombre que había creado y lo puso en el jardín del Edén para que lo cuidara. Al hombre lo llamó Adán.

En el centro del jardín, había dos árboles especiales: el Árbol de la Vida y el Árbol del
Conocimiento del Bien y del Mal. Dios le dijo a
Adán: «Puedes comer la fruta de cualquier árbol
del jardín, pero no puedes comer la fruta del Árbol
del Conocimiento del Bien y del Mal».

Dios vio que no estaba bien que el hombre estuviera solo y llenó el jardín con toda clase de animales. Adán les puso nombre a todos los animales.

Pero ninguno de los animales era un buen compañero para el hombre. Entonces, Dios creó a la mujer para que fuera la compañera y la esposa de Adán. Adán la llamó Eva.

La serpiente en el jardín
GÉNESIS 3

Adán y Eva reinaban sobre todos los animales del jardín del Edén.

Pero la serpiente era muy astuta. Llevó a Eva hasta el Árbol del Conocimiento del Bien y del Mal y le dijo: «¿Por qué no comes la fruta de este árbol?».

Eva le dijo: «Dios nos dijo que no comiéramos esa fruta».

La serpiente se subió al árbol. «Pero es la mejor fruta de todas —le dijo—. Te volverá sabia, no te hará daño».

La fruta era hermosa, parecía deliciosa y Eva quería ser sabia. Entonces comió de la fruta y se la pasó a su esposo. Adán sabía que no debía comerla, pero la comió.

De pronto, Adán y Eva sintieron vergüenza porque estaban desnudos y se ocultaron de Dios.

Cuando Dios los encontró, se entristeció porque habían desobedecido. Estaba enojado con la serpiente por haberle hecho desear a Eva la fruta que no debía comer.

Le dijo a la serpiente: «Por haber hecho esto, te arrastrarás sobre tu cuerpo y comerás polvo de la tierra todos los días de tu vida».

Dios les hizo a Adán y Eva vestidos de piel de animales para que se cubrieran. Luego, los expulsó del jardín. Dios los castigó. La vida sería dura para Adán y Eva.

Dios mandó ángeles para que cuidaran la puerta y puso una espada de fuego para que nadie volviera a entrar jamás en el jardín del Edén.

El diluvio y el arco iris
GÉNESIS 6–9

Adán y Eva tuvieron muchos hijos después de salir del jardín del Edén. Y sus hijos tuvieron hijos. Y así sucedió durante cien años. Luego, hubo una época en que la gente de la tierra no se acordaba de Dios.

Pero Dios los veía a todos y no le gustaba lo que veía. La gente era egoísta y mala. Todos peleaban y se hacían daño unos a otros. Dios se arrepintió de haber creado hombres y mujeres para que vivieran en la tierra y decidió acabar con toda la gente.

Pero Dios quería salvar a Noé porque era un hombre bueno.

Dios le dijo a Noé: «Inundaré la tierra y mataré a todos los seres que viven en ella. Pero quiero que construyas un **arca** grande para ti y tu familia. Pon en el arca una pareja de cada uno de los animales, desde el más pequeño hasta el más grande: animales que vuelan y aquellos que se arrastran por la tierra».

Un arca es un barco grande. El arca de Noé medía 450 pies (150 m) de largo, 75 pies (25 m) de ancho y 45 pies (15m) de alto (más o menos la longitud de un campo y medio de fútbol americano). Tenía tres pisos, una puerta a un lado, un techo y varias habitaciones. Toda el arca estaba cubierta de brea.

Noé construyó el arca de madera. La hizo lo suficientemente grande para que cupieran todos los animales y toda clase de alimentos. Cuando el arca estuvo lista, los animales entraron de dos en dos.

Por último, Noé, su esposa y sus tres hijos con sus esposas entraron en el arca.

Las nubes aparecieron y la lluvia empezó a caer...
¡Llovió y llovió!

Llovió durante cuarenta días y cuarenta noches. La tierra quedó inundada y todos los seres vivos murieron, pero el arca de Noé estaba bien construida y flotó sobre las aguas. Por dentro estaba seca y abrigaba.

Por fin, dejó de llover y Dios se acordó de Noé. Mandó un viento fuerte y el agua empezó a bajar. Después de muchos días, Noé envió una paloma. Cuando la paloma regresó la segunda vez, trajo una rama de olivo en el pico. Noé supo que las aguas estaban bajando.

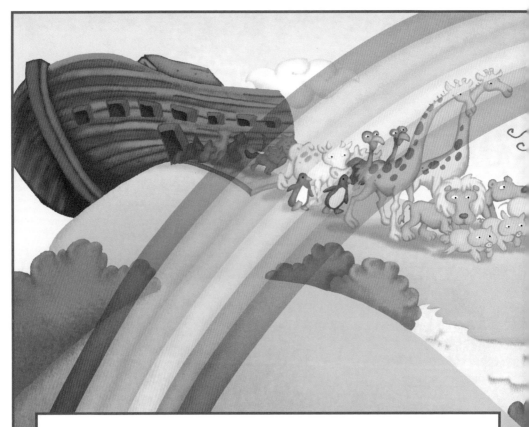

Esperó siete días más y volvió a mandar la paloma. Esta vez, la paloma no regresó, había encontrado tierra seca para vivir. Entonces, Noé abrió el arca y dejó que todos los animales salieran.

Luego, Dios le hizo una promesa a Noé: «Nunca más volveré a mandar un diluvio para matar la vida en la tierra. La vida continuará gracias a ti, a tu familia y a los animales que pusiste en el arca».

Entonces, apareció un arco iris en el cielo. «Mira el arco iris —le dijo Dios a Noé—. Es una señal de la promesa que te he hecho».

La Torre de Babel
GÉNESIS 11

Después del diluvio, transcurrió mucho tiempo. Sobre la tierra había más gente que nunca. Era como una gran familia. Todos hablaban el mismo idioma.

La gente se fue al Oriente, a la tierra de Babilonia.

Se les ocurrió una idea. «Hagamos una ciudad aquí. En la ciudad, construiremos una torre que llegue hasta el cielo. Lo haremos todo por nuestra propia cuenta».

Usaron ladrillos y brea. Su torre crecía cada día más.

La antigua ciudad de Babilonia estaba situada en el país que ahora se llama Iraq.

Dios bajó a ver la ciudad y la torre que estaban construyendo. Era una gran torre, pero algo estaba mal. Los
hombres estaban trabajando para sí mismos. Dios tenía
que demostrarles que siempre necesitarían su ayuda
para lograr lo que querían.

Entonces, Dios le dio a cada persona un idioma diferente. En vez de una palabra, ahora había cientos de palabras diferentes para decir la misma cosa. Nadie entendía a nadie.

La gente no pudo seguir trabajando. Dejaron de construir la ciudad. La gran familia se dividió y la gente se estableció en diferentes partes de la tierra.

La torre quedó a medio construir, abandonada en un terreno vacío. Se le conoció como la **Torre de Babel**.

Babilonia fue el lugar donde Dios confundió el idioma de todos los habitantes de la tierra.

La palabra «Babel» viene del hebreo (balal) y significa «confusión».

Abraham
GÉNESIS 12–17

Abraham estableció su hogar en un país llamado Jarán. Era un hombre simple. Vivía en una tienda de campaña y cuidaba ovejas y ganado.

Abraham vivía en una tienda de campaña. Mucha gente vivía así porque eso les permitía llevar sus rebaños de un pastizal a otro.

Abraham creía en Dios y Dios bendijo a Abraham. Dios le dijo: «Deja tu país y ve a la tierra que yo te indicaré. Yo engrandeceré tu nombre. En ti bendeciré a toda la gente del mundo».

Abraham significa «padre de muchas naciones». Tanto los judíos como los musulmanes creen que son descendientes de Abraham.

Entonces, Abraham dejó su tierra. Se llevó a su esposa, Sara, a su sobrino, Lot, y a todos los que vivían en su hogar. Fueron de un lugar a otro con todos sus animales y con todo lo que tenían.

Finalmente, llegaron a una tierra fértil, pero no era lo suficientemente grande para toda la gente y los animales. Entonces, Abraham le dijo a Lot: «Nos vamos a separar. Si tú te vas por la izquierda, yo me iré por la derecha. Si tú te

vas por la derecha, yo me iré por la izquierda».

Lot decidió ir hacia el oriente, a las tierras fértiles. Abraham fue a la tierra de Canaán. Allí, Dios le dijo: «Levanta la vista y mira hacia el norte, el sur, el oriente y el occidente. Toda esta tierra te la daré a ti. Tus hijos y todos sus descendientes serán tan numerosos como las estrellas del cielo».

Abraham levantó sus tiendas de campaña y se fue a vivir cerca de los árboles grandes de Mamré en Hebrón.

Los tres visitantes
GÉNESIS 18–21

Hacía mucho calor. Abraham estaba sentado a la sombra de un árbol. De pronto, vio a tres hombres parados cerca de él.

Abraham se alegró de recibir visitas. Les dio la bienvenida.

«Les traeré algo de comer», les dijo Abraham. Corrió a su tienda de campaña para traer comida y leche para los visitantes. Mientras comían, él se quedó de pie junto a ellos bajo un árbol.

Uno de los visitantes era el Señor y los otros dos eran sus ángeles. Dios había elegido a Abraham para que fuera el padre del pueblo que lo obedecería, actuando de forma correcta y justa. Ahora le había traído a Abraham noticias especiales.

Le dijo: «Regresaré a visitarte el próximo año. Entonces, tú y tu esposa, Sara, tendrán un hijo».

Al oír eso, Sara, que estaba detrás de la puerta de la tienda, se rió. Sara era una mujer vieja. Las mujeres de su edad no podían tener hijos.

Él oyó la risa de Sara y le dijo: «¿Hay algo imposible para Dios?».

Ella respondió que no. Al año siguiente, Sara tuvo un hijo. Lo llamaron Isaac.

Sara se rió cuando oyó decir que iba a tener un hijo. Isaac, el nombre de su hijo, significa «el que ríe».

Una novia para Isaac
GÉNESIS 24

Dios bendijo a Abraham de muchas maneras. Abraham se volvió muy rico. Tenía oro y plata, sirvientes, muchas ovejas, ganado, camellos y burros. Su hijo Isaac creció y se convirtió en un joven fuerte.

Y llegó el momento en que Isaac debía buscar esposa.

Entonces, Abraham llamó a su sirviente de mayor confianza: «Quiero que vayas a Aram, mi tierra natal, y busques una esposa para Isaac». Le dio al hombre diez camellos. Cada uno llevaba bolsas de regalos para la familia de la novia de Isaac.

En esos días, la gente usaba camellos para transportar mercadería a través de grandes distancias. Los camellos pueden recorrer grandes distancias tomando menos agua que los burros. Los caballos no eran animales nativos de la región.

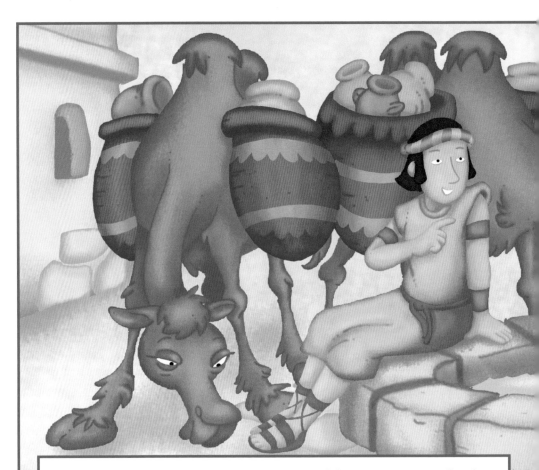

El sirviente llegó a un pueblo pequeño de la tierra de Abraham. Llevó a los camellos hasta un pozo. Estaban cansados y tenían sed después de un viaje tan largo. En el pozo, el sirviente vio a una joven hermosa con un cántaro de agua.

El sirviente le dijo: «Por favor, dame un poco de agua de tu cántaro».

La joven le dio a beber agua y le dijo: «Voy a sacar agua para tus camellos también».

Todos los días al atardecer, las mujeres jóvenes iban al pozo del pueblo con sus cántaros. Sacaban agua y la llevaban a sus casas.

El sirviente averiguó que la joven se llamaba Rebeca y que era del mismo **clan** de Abraham. Esto era justo lo que el sirviente buscaba. Se dio cuenta de que Dios quería que Rebeca fuera la mujer de Isaac. Cuando les dijo esto a los familiares de Rebeca, ellos le preguntaron a Rebeca: «¿Quieres irte con este hombre?». «Sí, me voy», respondió ella.

En esa época, la gente solía casarse con personas de su mismo clan. Un clan era un grupo de personas de una tribu que descendía de un antepasado común. En este caso, Isaac y Rebeca tenían un antepasado común.

Rebeca dejó a su madre y a su hermano y se fue con
el sirviente a Hebrón. Allí se casó con Isaac, que llegó a
quererla mucho.

Esaú y Jacob
GÉNESIS 25, 27

Isaac y Rebeca pedían a Dios para tener hijos. Se alegraron mucho cuando Dios les mandó mellizos. El primero que nació fue Esaú. Después nació Jacob.

Los mellizos no se parecían entre sí. Tampoco actuaban de la misma manera. Esaú se convirtió en cazador. Su piel era rojiza y velluda en las manos, los brazos y el cuello. La piel de Jacob era suave. Era un hombre tranquilo que prefería quedarse en casa y cultivar la tierra.

> Jacob y Esaú eran mellizos. Eso quiere decir que aunque nacieron al mismo tiempo no se parecían físicamente. Los gemelos, en cambio, son muy parecidos.

Isaac envejeció. Estaba casi ciego. Quería darle su bendición a Esaú, su hijo mayor, para que fuera el jefe de su pueblo cuando él muriera.

Pero Dios le había dicho a Rebeca que su hijo menor sería el jefe. Rebeca vistió a Jacob con la mejor ropa de Esaú y le cubrió los brazos y las manos con piel velluda de oveja para que se parecieran a la piel de Esaú. Cuando Isaac llamó a Esaú, en su lugar, Rebeca mandó a Jacob a la tienda.

Isaac conocía el olor de la ropa de Esaú. Tocó las manos de Jacob y pensó que eran las manos de Esaú. Bendijo a Jacob y lo nombró jefe del pueblo de Abraham.

Dios visita a Jacob
GÉNESIS 27–28

Cuando Esaú se enteró de que había perdido su puesto como jefe del pueblo, se enojó mucho. Dijo que iba a matar a Jacob.

Rebeca le dijo a Jacob que tenía que irse de la casa inmediatamente. Tenía que irse a Jarán a vivir con su tío por un tiempo.

Entonces, Jacob salió de su casa y se fue solo al desierto. Caminó todo el día. Cuando el sol se puso, se detuvo a dormir.

Había por ahí una pila de piedras, Jacob tomó una de las piedras y la usó como almohada.

Jacob se durmió y tuvo un sueño. Vio una gran escalera que llegaba hasta el cielo. Vio ángeles que subían y bajaban por la escalera. Y en la parte de arriba, vio a Dios.

Dios le dijo a Jacob: «Te daré a ti y a todos los que vengan después de ti la tierra en la que ahora yaces. Siempre estaré contigo y cuidaré de ti dondequiera que vayas y, un día, te volveré a traer a esta tierra».

A esa escalera también se la llama «la escalera de Jacob».

Jacob se despertó y recordó su sueño.

«¡Qué hermoso es este lugar! —pensó—. Esta es la puerta del cielo».

Jacob levantó la piedra sobre la que había soñado y la puso como pedestal en la arena. Llamó a ese lugar Betel, que quiere decir «la casa de Dios».

Esaú perdona a Jacob
GÉNESIS 31–33

Jacob vivió con los parientes de su madre durante muchos años y llegó a tener una familia grande. Tenía rebaños de ovejas, cabras, ganado, burros y camellos.

Un día, Dios volvió a visitar a Jacob y le dijo que regresara a la tierra de su padre, Isaac.

Rebeca, la madre de Jacob, había muerto. Jacob no veía a su padre desde hacía veinte años. Quería regresar a su antiguo hogar, pero temía encontrarse con su hermano. ¿Y si Esaú seguía enojado con él?

Jacob tuvo una idea. Llamó a sus sirvientes y les dijo que le llevaran a Esaú muchos animales de regalo. Reunió 220 ovejas y 220 cabras, 30 camellos con sus crías, 50 cabezas de ganado y 30 burros. Entonces, Jacob fue al encuentro de Esaú.

> Los animales se usaban como dinero y muchas veces como regalos porque eran muy importantes. Sin animales, las familias no tenían qué comer.

¿Qué sucedería? ¿Estaría Esaú dispuesto a pelear?

Cuando Esaú vio a Jacob, corrió hacia él y lo abrazó. Los hermanos derramaron lágrimas de alegría.

«¿Por qué me has mandado todos estos animales? —preguntó Esaú—. Yo ya tengo suficientes».

Cada uno había seguido su camino como Dios lo había dispuesto. Ahora Dios los había reunido nuevamente.

Un nombre nuevo para Jacob
GÉNESIS 35

Jacob y su familia vivían en un lugar llamado **Seir, en la tierra de Canaán**. Entonces, Dios le habló a Jacob y le dijo que regresara a Betel. Ese era el lugar donde Dios se había aparecido ante Jacob por primera vez.

Jacob llevó a su familia a Betel. Allí construyó un altar en honor a Dios.

Un pueblo situado en el centro de Palestina que ahora se llama Teil Balatan. Canaán (que también se llamaba antigua Palestina) estaba situada entre el río Jordán, el Mar Muerto y el Mediterráneo.

Dios bendijo nuevamente al hijo de Isaac y nieto de Abraham. Le dijo: «Tu nombre es Jacob, pero te voy a dar otro nombre. Te llamarás Israel. Serás el primero de una gran nación».

Y Dios también le dijo: «La tierra que les di a Abraham y a Isaac también te la doy a ti y a tus descendientes».

Jacob puso un pilar de piedra en el lugar donde Dios le había hablado. Luego, se fue de Betel con su familia.

Como Dios bendijo a Jacob, al pueblo hebreo del pasado, del presente y del futuro se le llama «pueblo escogido».

José, el Soñador
GÉNESIS 37

Jacob vivía en la tierra de Canaán. Tenía doce hijos. El mayor se llamaba Rubén. El menor era Benjamín. De entre todos sus hijos, Jacob amaba más al que se llamaba José.

Cuando José tenía diecisiete años, Jacob le hizo una túnica elegante de muchos colores. Sus hermanos le tenían mucha envidia. Nunca tenían una palabra cariñosa para José.

Una noche, José tuvo un sueño extraño. Estaba en un campo con sus hermanos, atando gavillas de trigo. Su gavilla se irguió. Las demás la rodearon y se inclinaron ante ella.

Les contó el sueño a sus hermanos. Ellos se rieron de la idea de que alguna vez tuvieran que inclinarse ante él.

Entonces, José tuvo otro sueño. «Escuchen —les dijo a sus hermanos—, esta vez he soñado que el Sol, la Luna y once estrellas se inclinaban ante mí».

¿Significaría el sueño de José que un día él gobernaría sobre su padre, su madre y sus hermanos?

Los sueños hicieron que los hermanos de José se enojaran aun más con él.

¡Vendido!
GÉNESIS 37

«¡Ahí viene ese soñador!»

Los hermanos de José estaban en el campo, cuidando las cabras y las ovejas cuando lo vieron venir.

«Es hora de que le demos una lección», dijo su hermano Leví.

Cuando José llegó donde estaban sus hermanos, estos lo agarraron y lo arrojaron a un pozo profundo.

«¿Qué hacemos con él?», preguntó Judá.

Justo en ese momento, pasaron por ahí unos mercaderes que iban a Egipto. Los hermanos vendieron a José a los mercaderes por veinte piezas de plata, pero primero le arrancaron su hermosa túnica. Los mercaderes le pusieron cadenas y se lo llevaron como esclavo.

Cuando regresaron a casa, los hermanos le dijeron a su padre que un animal feroz había matado a José. Le mostraron la túnica de José manchada con sangre de cabra.

Jacob lloró y se rasgó las vestiduras. Sus hijos trataron de consolarlo, pero Jacob no dejaba de llorar por su hijo amado.

José y sus hermanos
GÉNESIS 39–45

José no había muerto, vivía en Egipto. Los mercaderes lo vendieron a una familia rica. A José le fue muy bien porque Dios estaba con él. Vivió muchos años en Egipto. Dios hacía que triunfara en todo lo que hacía.

Con el tiempo, José llegó a ser poderoso en Egipto, era el segundo en importancia, después del **faraón**.

Faraón era el título que se le daba al rey en el antiguo Egipto.

Dios le había dado a José el don de adivinar el futuro, interpretando el significado de los sueños. El faraón tuvo dos sueños que lo preocuparon. En uno de ellos, siete espigas de trigo robustas eran devoradas por siete espigas de trigo delgadas. En el otro, siete vacas gordas eran devoradas por siete vacas flacas. José le dijo al faraón que durante siete años no llovería y no habría cosechas, que habría una gran hambruna. Eso significaba que el pueblo de Egipto tenía siete años para prepararse.

La hambruna es la escasez generalizada de alimentos. Las personas pueden morir de hambre durante un período de hambruna. A menudo, se debe al mal tiempo.

Siete años después, hubo una gran hambruna. Gracias a José, los egipcios tenían qué comer, pero otros pueblos no tenían nada.

Un día, una familia de hermanos llegó ante José desde la tierra de Canaán. Vieron a un hombre bien parecido, con vestiduras ricas y una cadena de oro alrededor del cuello. Se inclinaron ante él.

Esos hombres eran los hermanos de José. El sueño que había tenido a los diecisiete años se cumplió.

En Egipto había qué comer porque José había convencido al faraón de que la gente debía prepararse almacenando trigo. Cada año, se guardaba cierta cantidad de trigo para alimentar a la gente cuando las cosechas fueran malas.

Cuando los hermanos se enteraron de que ese gran hombre era su hermano, se asustaron temiendo que los castigaría, pero José se alegró mucho de verlos. Les dijo: «No tengan miedo por lo que me hicieron. No fueron ustedes, sino Dios quien me trajo aquí».

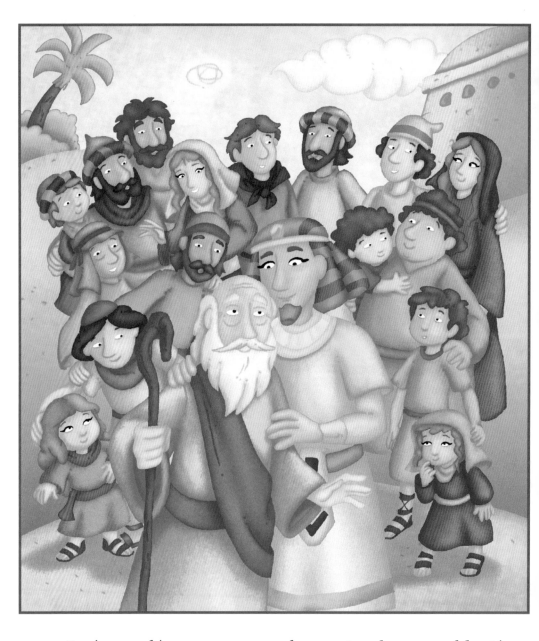

José mandó traer a su padre, y Jacob se estableció con todos sus hijos en Egipto, en la tierra de Gosén. Sus hijos y los hijos de sus hijos llegaron a ser tan numerosos como las estrellas del cielo.

Se hacían llamar israelitas, el nombre que Dios le había dado a Jacob en Betel.

El niño en la canasta
ÉXODO 1–2

Los israelitas vivieron bien en Egipto por doscientos años después de la muerte de José. Los egipcios los llamaban hebreos porque habían venido de otras tierras.

Entonces, subió al trono un nuevo rey que no conocía a José. Le parecía que había demasiados hebreos y temía que se apoderaran del país. Por eso, les quitó la libertad y los hizo trabajar como esclavos.

A los israelitas los llamaban hebreos. Decían que descendían de Abraham, Isaac y Jacob.

Los israelitas llevaban una vida muy dura, pero a pesar de eso su número crecía. El rey dio otra orden terrible: que mataran a todos los niños varones hebreos al nacer.

Una mujer hebrea llamada Jochebed acababa de dar a luz un niño varón. Lo ocultó para salvarlo. Su hija Miriam y su hijo Aarón guardaron el secreto.

Al crecer el niño, fue difícil ocultarlo. Entonces, su madre lo metió en un canasto y lo puso en el río **Nilo**.

El canasto flotó como un bote por el Nilo. Miriam lo siguió desde la orilla para ver adónde iba.

El Nilo, el río más largo del mundo, recorre por África oriental unos 6.677 km (4.150 millas) desde su fuente más remota, que está en Burundi, hasta desembocar en un delta en el mar Mediterráneo, al noreste de Egipto.

La hija del rey vio el canasto cuando se estaba bañando en el río. El niño que había dentro estaba llorando.

La princesa sabía que era un niño hebreo, pero se compadeció de él. Miriam vio lo que pasó. Le dijo a la princesa que ella conseguiría una mujer hebrea para que lo criara. La mujer era Jochebed, su madre.

Cuando el niño creció, Jochebed lo llevó a la hija del rey, que lo trató como a un hijo. La princesa lo llamó Moisés.

La zarza ardiente
ÉXODO 3

Moisés creció en el palacio del faraón, el rey de Egipto. Se convirtió en un joven fuerte.

Pero a Moisés no le gustaba cómo trataban a su gente. Veía azotar y maltratar a los esclavos hebreos todos los días.

Moisés huyó del palacio y se volvió pastor. Se casó y tuvo una familia.

Un día, cuando Moisés estaba cuidando sus ovejas en una montaña, vio una luz rara: una zarza ardía en llamas, ¡pero no se quemaba! Se acercó para ver mejor. Una voz salió del arbusto. El que hablaba era Dios. Moisés se cubrió la cara porque tenía miedo de ver a Dios.

Dios le dijo a Moisés que había visto el sufrimiento de los israelitas. Le dijo: «Ve donde el faraón. Dile que quiero que ponga en libertad a mi pueblo para que tú lo lleves a la **tierra donde fluye la leche y la miel**, la tierra que yo les prometí a Abraham, Isaac y Jacob».

La leche y la miel eran alimentos importantes para los israelitas. Esta frase significa que la tierra sería un buen lugar para vivir. Allí podrían criar cabras y abejas, y el suelo sería bueno para cultivar viñedos y palmeras de dátiles, cuyo almíbar también se llamaba "miel" en hebreo.

Moisés pensó que no tendría valor para enfrentarse solo al rey.

Dios le dijo que llevara a su hermano Aarón para que hablara con él.

«¿Y si el faraón no cree que Tú nos has mandado?»

Dios dijo: «Te daré una señal para mostrarle al faraón. ¿Eso que tienes en la mano es tu bastón? Arrójalo al suelo».

Moisés arrojó su bastón al suelo y este se convirtió en una serpiente. Cuando levantó la serpiente por la cola, se volvió a convertir en bastón.

Moisés regresó de la montaña. Él y su hermano Aarón le contaron a la gente lo que Dios había dicho. Les dijeron a todos que se alistaran para salir de Egipto. Moisés los guiaría a la tierra que Dios les había prometido.

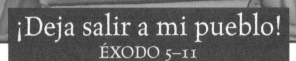

¡Deja salir a mi pueblo!
ÉXODO 5–11

Moisés y Aarón fueron a ver al faraón.

«Nuestro Dios tiene un mensaje para ti. Tienes que liberar a nuestra gente y dejarnos salir de Egipto».

El faraón se rió. «Yo no conozco a ese Dios hebreo. No tengo por qué hacerles caso».

«Nuestro Dios es grande —dijo Aarón—. ¡Mira lo que puede hacer!»

Aarón arrojó su bastón y éste se convirtió en una serpiente.

El faraón tenía magos que hicieron lo mismo. Sus bastones se convirtieron en serpientes.

Pero el bastón de Aarón devoró sus bastones.

Aun así, el faraón no creyó en el poder de Dios. No permitió que los israelitas se fueran y empezó a tratarlos peor que antes.

Dios les dijo a Moisés y a Aarón que regresaran donde el faraón. Esta vez, Aarón le dijo al rey: «No has permitido que los israelitas se vayan. Por eso, Dios convertirá el agua del río Nilo en sangre».

Aarón metió su bastón en el río y el agua se volvió roja. No había agua para beber. Como no podían respirar, los peces del río murieron.

El faraón simplemente se dio la vuelta y regresó a su palacio. Había visto a sus magos hacer cosas similares.

Pero Dios no había terminado. Les dijo a Moisés y a Aarón que regresaran y le dijeran al faraón: «No obedeciste a Dios. Por eso, una gran plaga azotará tu país. La tierra se llenará de ranas que se meterán en las casas, en las camas, en los hornos. Estarán en todas partes».

Y así sucedió.

Las plagas son desastres o enfermedades de algún tipo. La gente creía que Dios mandaba plagas para castigar a los malos.

Esta vez, el faraón no dio la espalda. Le dijo a Moisés: «¡Saca todas las ranas! Dejaré que tu gente se vaya mañana».

Al día siguiente, todas las ranas murieron, pero el faraón no permitió que los israelitas se fueran.

Dios mandó ocho plagas más al pueblo egipcio. Una y otra vez, el faraón prometía dejar que los israelitas se fueran si Dios ponía fin a la plaga. Cada vez que Dios ponía fin a la plaga, el faraón cambiaba de parecer y no permitía que los israelitas se fueran.

Por último, Dios le dijo a Moisés: «Mandaré una plaga más a Egipto. Después de eso, el faraón los dejará salir de allí».

Dios les mandó 10 plagas a los egipcios: convirtió el agua en sangre, mandó ranas, mosquitos, moscas; todos los animales de Egipto murieron, pero los animales de los israelitas no murieron; mandó pestes, granizo, langostas, tinieblas y finalmente la muerte de los hijos primogénitos.

La décima plaga
ÉXODO 11-12

Moisés fue a ver al faraón con un nuevo mensaje. «Dios me manda decir esto: Todos los hijos primogénitos de Egipto morirán esta noche. Habrá mucho llanto y lamentos. Solo se salvarán los hijos de los israelitas porque Dios los protegerá».

Entonces, Moisés salió del palacio.

Moisés les dijo a los israelitas que marcaran sus casas con sangre de cordero. Cuando llegó la plaga, Dios **pasó de largo** por las casas de los israelitas.

En la religión judía, este suceso se conoce como Pascua (pésaj). La palabra «Pascua» se refiere al hecho de que Dios pasó de largo las casas de los israelitas cuando los primogénitos de Egipto murieron.

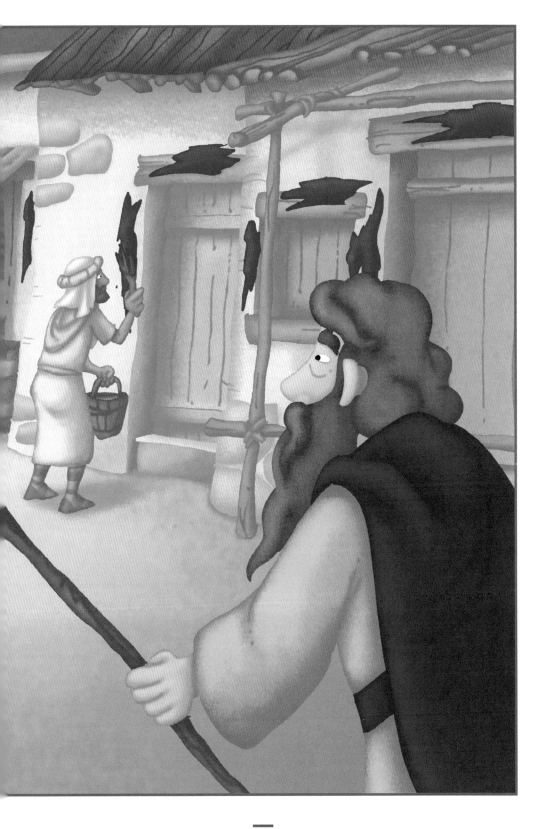

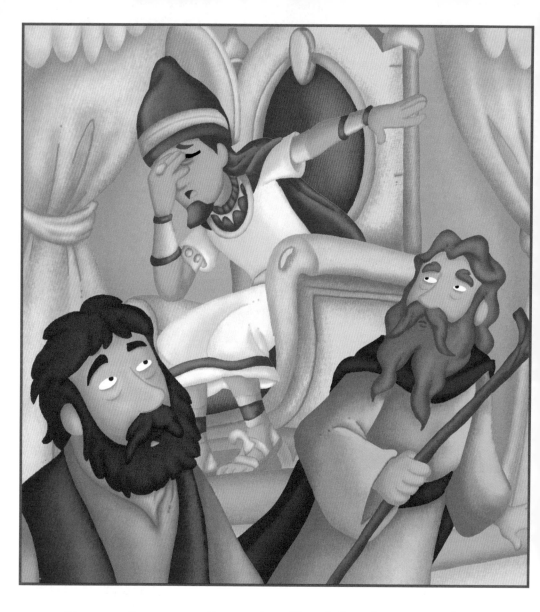

Esa noche, a medianoche, llegó la plaga y todos los primogénitos de Egipto murieron.

El faraón mandó a llamar a Moisés y Aarón. Estaba angustiado y triste porque su propio hijo había muerto.

«¡Váyanse! —les dijo—. Dejen a mi pueblo. ¡Tomen sus rebaños y su ganado y váyanse!»

Los israelitas se marcharon de prisa. Se llevaron sartenes con masa de pan porque no tuvieron tiempo de poner levadura ni de hornear el pan.

Al salir, se detuvieron y le pidieron a la gente ropa, oro y plata. Los egipcios les dieron a los israelitas todo lo que pudieron. Dios había llenado de compasión sus corazones.

Como los israelitas no tuvieron tiempo de poner levadura, la masa del pan no se hinchó. Para conmemorar la huida de Egipto, durante la Pascua judía (pésaj), solo se puede comer pan sin levadura (llamado matzoth). El matzoth o matzá es un pan delgado y quebradizo que se hace sin levadura.

La salida de Egipto
ÉXODO 13-15

Los israelitas se fueron apresuradamente. Algunos llevaron rebaños de ovejas, cabras y ganado. Moisés los estaba sacando de Egipto para conducirlos a una tierra propia. Tenían que irse rápidamente.

Dios iba delante de ellos para mostrarles el camino. De día, Él iba a la cabeza en una columna de nube. De noche, en una columna de fuego para alumbrarlos. De esa manera, pudieron caminar de día y de noche.

Dios le dijo a Moisés que cruzara el desierto con su pueblo hasta llegar al Mar Rojo. Cuando llegaron al mar, se volvieron para mirar y vieron venir un gran ejército.

El faraón había cambiado de parecer una vez más. No quería perder a sus esclavos y mandó a sus soldados y jinetes para que los obligaran a regresar.

Los israelitas no tenían por dónde escapar. Empezaron a gritar de miedo, pero Dios se le apareció a Moisés nuevamente y le dijo: «Levanta tu bastón y extiende la mano sobre el mar».

Moisés hizo lo que Dios le dijo y ¡las aguas del mar se abrieron! Entre las dos murallas de agua había un terreno seco para que los israelitas pudieran cruzar el mar.

El ejército del Faraón vio lo que estaba sucediendo.
Los jinetes y los soldados se lanzaron con sus carros
detrás de los israelitas, pero Dios no los dejó avanzar.
Hizo que las ruedas de sus carros se salieran y que los
caballos tropezaran.

Todos los israelitas cruzaron el mar. Entonces, Dios le dijo a Moisés: «Extiende una vez más la mano sobre el mar».

Cuando Moisés se dio la vuelta y extendió la mano, las aguas del Mar Rojo volvieron a juntarse. El mar cubrió a los jinetes y los carros. El ejército del faraón fue arrastrado por las aguas.

Los israelitas celebraron por haber escapado sanos y salvos de Egipto. Cantaron, bailaron y alabaron a Dios todo el día. ¡Eran libres!

Comida en el desierto
ÉXODO 16–17

Los israelitas acamparon en el desierto. A medida que pasaban los días, los alimentos que habían traído empezaron a acabarse. ¿Dónde encontrarían más alimentos? La gente tenía hambre. Empezaron a quejarse a sus líderes, Moisés y Aarón.

Moisés le pidió ayuda a Dios.

Esa noche, aparecieron bandadas de codornices por todo el campamento. Los israelitas atraparon las aves y las asaron para la cena.

A la mañana siguiente, había una capa de rocío alrededor del campamento. Cuando desapareció, unas escamas pequeñas y delgadas, parecidas a la escarcha, quedaron sobre la arena. Moisés les dijo a los israelitas: «Este es el pan que Dios les ha mandado para comer». A ese pan lo llamaron «maná». El maná era blanco y tenía sabor a galleta de miel.

El maná caía del cielo todas las mañanas para que la gente siempre tuviera suficiente para comer.

Después de un tiempo, los israelitas se fueron a otro lugar. El maná seguía cayendo del cielo, pero no había agua. Los israelitas tenían sed. Se volvieron a quejar a Moisés.

Moisés clamó a Dios: «¿Qué haré con este pueblo?».

Dios le dijo a Moisés que fuera hasta una gran roca en un lugar llamado Horeb. Moisés llevó el bastón que había usado para separar las aguas del Mar Rojo. Tocó la roca y de allí brotó el agua.

Los israelitas todavía tenían mucho camino por recorrer. Con el maná, las codornices y el agua, Dios les demostraba que estaba con ellos.

Las leyes de Dios
ÉXODO 19–32

Ya habían transcurrido tres meses desde que los israelitas habían escapado de la esclavitud de Egipto. Habían
acampado en el desierto de Sinaí, al pie de una gran montaña.

Al tercer día de estar en el desierto, el cielo se llenó de
truenos y rayos por la mañana. Una nube oscura cubrió la
cumbre de la montaña. Luego, se oyó un trompetazo tan
fuerte que la gente empezó a temblar de miedo.

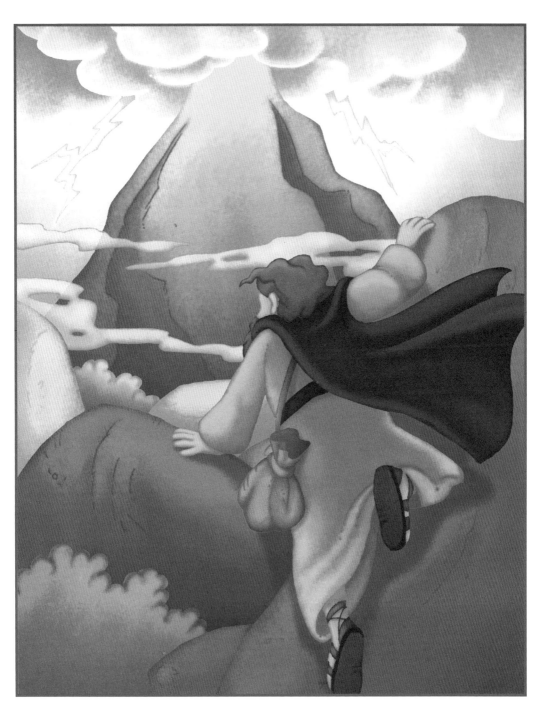

Dios estaba en la nube. Le dijo a Moisés que subiera a la cumbre de la montaña. Allí le dio las leyes que él quería que la gente obedeciera.

«Yo soy el Señor, su Dios, que los sacó de la esclavitud de Egipto. No tendrán a otros dioses más que a mí».

«Respeten a su padre y a su madre».

«No maten».

«No roben».

Dios le dio a Moisés muchas otras leyes sobre la manera en que debían comportarse los israelitas.

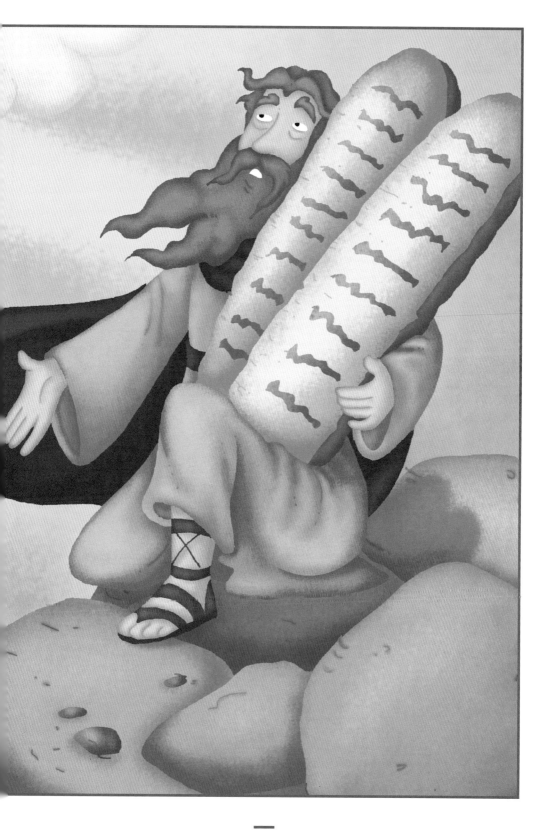

Moisés estuvo en la montaña cuarenta días y cuarenta noches. La gente empezó a preocuparse y a asustarse. Necesitaban algo para sentirse seguros.

Aarón les dijo a los israelitas que le dieran los aretes de oro que habían traído de Egipto. Fundió el oro, hizo un **becerro pequeño** y les dijo que el becerro de oro era el dios que los había sacado de Egipto.

Esta clase de imágenes se llama ídolos. Se usaban como objetos de adoración.

Entonces, Moisés bajó de la montaña. Traía consigo dos tablas de piedra con las leyes de Dios escritas en ellas. La gente estaba bailando alrededor del becerro de oro. Cuando Moisés vio esto, se enojó. ¡La gente ya estaba desobedeciendo una de las leyes de Dios!

Moisés tomó las tablas de piedra, las arrojó contra el suelo y se hicieron pedazos. Luego, destruyó el becerro de oro.

Estas leyes, que también se llaman los Diez Mandamientos, ocupan un lugar importante en el sistema ético del judaísmo, el cristianismo y el islamismo. Los mandamientos se dividen en deberes para con Dios, para con el prójimo y para con la sociedad.

El lugar sagrado de Dios
ÉXODO 33–40

Moisés se arrepintió de haber roto las Tablas de la Ley de Dios. Volvió a subir a la montaña. Dios le dijo que perdonaría a su pueblo y le volvería a dar las leyes a Moisés. Cumpliría su promesa de llevar a los israelitas a la tierra en la que fluye la leche y la miel.

Moisés se quedó en la montaña otros cuarenta días y cuarenta noches. Cuando bajó, trajo dos tablas nuevas con las leyes de Dios.

Dios le dijo a Moisés que la gente debía construir un lugar sagrado, un tabernáculo, para adorarlo.

Un lugar donde adorar a Dios. En este caso, el santuario portátil en el que los israelitas llevaban por el desierto el arca con las Tablas de la Alianza.

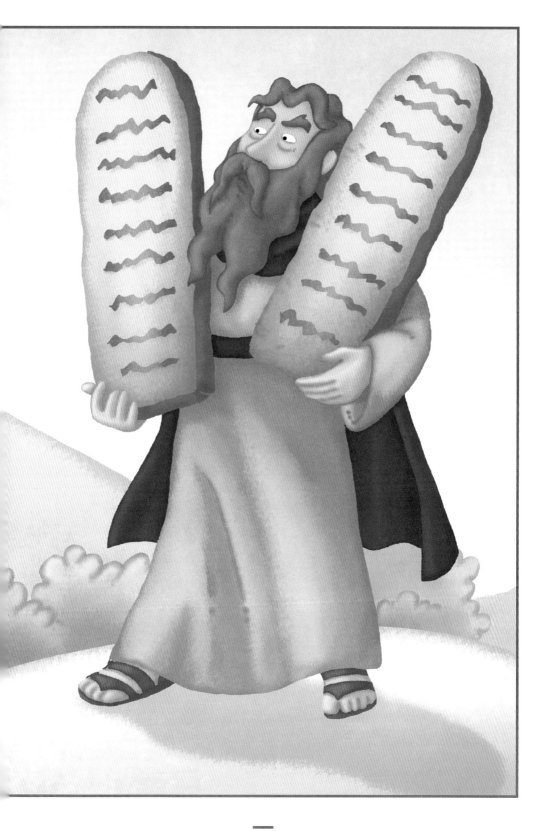

Los israelitas construyeron el tabernáculo, tal y como Dios quería. Los marcos y los postes eran de madera de acacia. La tienda de campaña se hizo con pieles de carnero teñidas de rojo y con cuero fino. Tenía una cubierta tejida con pelo de cabra. Estaba forrada con lino cosido con hilo azul, morado y rojo escarlata.

Construyeron una caja de madera para guardar las tablas de los mandamientos de Dios y la pusieron en un lugar especial dentro del tabernáculo.

La caja también era de madera de acacia. Medía 45 pulgadas (114 cm) de largo, 27 pulgadas (69 cm) de ancho y 27 pulgadas (69 cm) de alto. Estaba forrada con oro por dentro y por fuera. A la caja también se le llama el Arca de la Alianza.

Entonces, la nube de Dios descendió sobre el tabernáculo y permaneció con el pueblo durante todo el viaje. Cuando la nube se levantaba, la gente desarmaba el tabernáculo para llevarlo consigo.

Cuando la nube se detenía, los israelitas también se detenían y no partían hasta que la nube avanzaba delante de ellos. Y así, Dios los acercó a la tierra que les había prometido a Abraham, a Isaac y a Jacob hacía cientos de años.

Un gran error
NÚMEROS 13–14

Por fin, llegaron los israelitas a un lugar cercano a Canaán, la Tierra Prometida.

Canaán era un país grande con muchas ciudades y cada ciudad tenía un rey. Antes de llevar a la gente hasta allí, Moisés tenía que averiguar cómo era. ¿Cuántas personas vivían en ese lugar? ¿Eran fuertes o débiles? ¿Eran las tierras buenas o malas?

Moisés eligió a doce hombres para que fueran a Canaán y averiguaran todo lo que pudieran.

Los doce espías regresaron cuarenta días después.

«La tierra es buena —dijeron—. Hay leche y miel en abundancia, pero la gente es grande y fuerte. Al lado de ellos, nos sentíamos pequeños como saltamontes».

La mayoría de los espías le dijeron a Moisés que sería una locura entrar en ese país. Jamás podrían derrotar a esos gigantes en una batalla. Sería mejor regresar a Egipto.

«No —dijo Caleb, uno de los espías—. Vayamos y tomemos ese país. Sé que podemos hacerlo». Josué, otro de los espías, dijo: «Si obedecemos a Dios, seguro que Él nos dará esas tierras fértiles».

Nadie quiso escuchar a Caleb ni a Josué. Los israelitas se volvieron contra Moisés y le exigieron que los llevara otra vez a Egipto.

Dios estaba enojado porque la gente que había librado de la esclavitud tenía poca fe en él. ¿Acaso no habían visto sus milagros?

Dios le dijo a Moisés que solo Caleb y Josué llegarían a la tierra de leche y miel. El resto de la gente tendría que pasar su vida en el desierto, pero que, después de cuarenta años, él llevaría a los hijos de los israelitas a la Tierra Prometida.

A la Tierra Prometida
JOSUÉ 1–6

La vida de Moisés había llegado a su fin. Los hijos de la gente que Moisés había sacado de Egipto habían crecido. Josué se volvió su líder.

Dios le dijo a Josué: «Tienes que llevar a esta gente a la tierra que le prometí a Moisés y que te daré a ti. No tengas miedo porque yo estaré ahí para ayudarte».

Los israelitas estaban acampados a lo largo del río Jordán. En la otra orilla del río estaba la ciudad de Jericó.

Josué mandó a dos hombres a explorar la ciudad.

El nombre Josué significa «El Señor salva».

121

El rey de Jericó se enteró de que había espías, pero una mujer llamada Rahab los escondió en el techo de su casa y los hombres del rey no los encontraron.

Rahab les dijo a los espías que la gente de Jericó tenía mucho miedo de los israelitas y su Dios. Cuando Josué escuchó esto, se preparó para entrar en la ciudad.

Dios le dijo lo que debían hacer.

Josué cruzó el río Jordán con su pueblo. La ciudad estaba bien cerrada. Nadie entraba ni salía.

El ejército de Josué cercó las murallas de la ciudad. Dispersos entre el ejército, había siete sacerdotes con **trompetas**.

Durante seis días seguidos, el ejército marchó una sola vez alrededor de las murallas de Jericó mientras los sacerdotes tocaban sus trompetas.

Los israelitas usaban cuernos de carnero como trompetas.

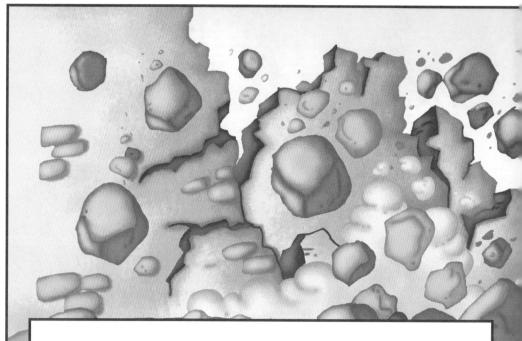

Al séptimo día, el ejército marchó siete veces alrededor de las murallas y los sacerdotes tocaron muy fuerte sus trompetas. Entonces, todos los soldados gritaron lo más fuerte que pudieron. En ese momento, las murallas de la ciudad se derrumbaron.

El ejército se lanzó a la carga y tomó la ciudad.

Pero no le hicieron daño a Rahab ni a su familia. Esa fue su recompensa por ayudar a los espías. Rahab se quedó a vivir con los israelitas.

Los israelitas habían llegado al final de su largo viaje. El maná ya no caía del cielo. La gente podía comer ahora lo que producía su propia tierra.

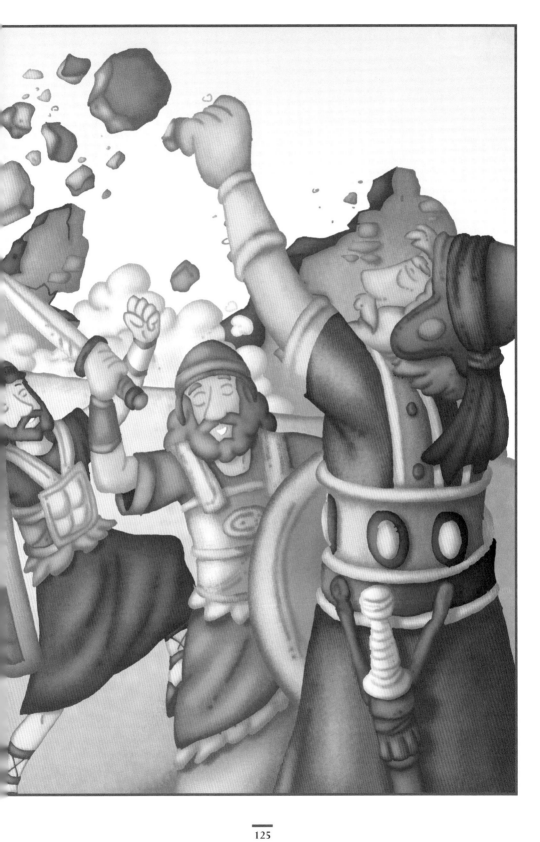

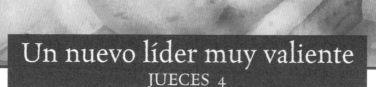

Un nuevo líder muy valiente
JUECES 4

En los años posteriores a Josué, los israelitas se establecieron en muchos lugares de Canaán, pero todavía no tenían toda la tierra que Dios les había prometido.

Con el tiempo, se olvidaron de sus deberes para con Dios. No obedecían los mandamientos que Dios le había dado a Moisés. Por eso, Dios ya no los protegía contra sus enemigos.

Uno de sus enemigos era Jabín, rey de Hasor, que maltrató a los israelitas durante veinte años. Los israelitas clamaron a Dios para que los ayudara.

En esa época, una mujer llamada **Débora** era la líder de los israelitas. Dios le habló a ella.

Débora fue una de las pocas mujeres que estuvo a la cabeza de los israelitas. Además, era profetiza.

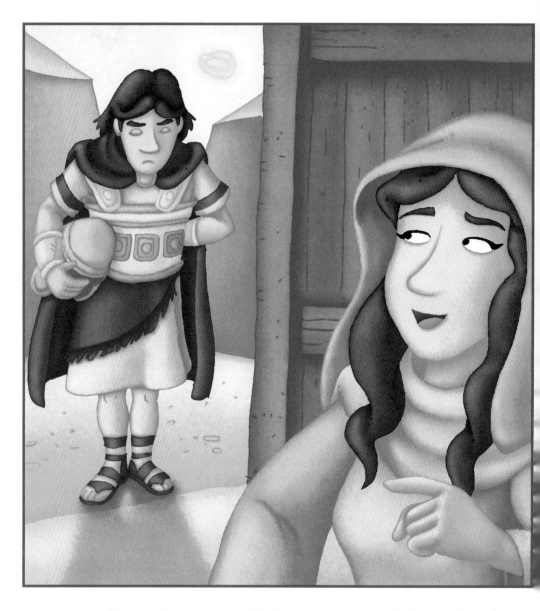

Un día, Débora mandó llamar a uno de los jefes de su ejército. Débora le dijo: «Barac, el Dios de Israel me ha dicho que tienes que formar un ejército de diez mil hombres para luchar contra el rey Jabín».

Como tenía miedo, Barac le dijo a Débora: «No voy si tú no vas conmigo».

«Muy bien —dijo Débora—. Iré».

Débora fue hasta el pie del monte Tabor con Barac y su ejército para enfrentarse al enemigo. Entonces, ella le dijo a Barac: «Es hora de atacar. Dios ya se ha adelantado para luchar por ti».

El ejército subió la montaña y luchó contra el ejército de Jabín. Todos los hombres de Jabín murieron a manos de los israelitas. No quedó ni un solo hombre.

Después de la batalla, Débora y Barac cantaron una canción acerca de la batalla para dar gracias a Dios por concederles la victoria contra un rey cruel.

El ejército de Gedeón

JUECES 6–8

Algunos israelitas se habían establecido en un valle bueno para la agricultura.

Sin embargo, tenían que compartir las tierras con **tribus** nómadas que ambulaban con sus tiendas de campaña, sus rebaños de ovejas y su ganado.

De nuevo, los israelitas empezaron a tener problemas porque se alejaron de Dios. Las tribus nómadas les robaban y los sacaron de sus pueblos. Los israelitas tuvieron que vivir en las cuevas de las montañas.

Otra vez, clamaron a Dios pidiendo ayuda.

Dios eligió a un nuevo jefe para su pueblo.

Gedeón era agricultor. Dios le dijo: «Te voy a conceder el poder de salvar a Israel».

«Pero ¿cómo voy a salvar a Israel? —preguntó Gedeón—. No soy un hombre importante».

«Yo te ayudaré», le dijo Dios.

Gedeón no estaba seguro de que realmente estaba hablando con el Dios de Israel, pero al final creyó. Al poco tiempo, formó un ejército de 10.000 hombres.

Esas tribus nómadas se llamaban madianitas. Los nómadas son gente que no vive en un solo lugar. Van de un lugar a otro buscando alimentos o pastizales para sus animales.

«No necesitas tantos soldados —le dijo Dios—. Los pondré a prueba y te diré a cuáles puedes llevar».

Dios le dijo a Gedeón que bajara con los hombres hasta un manantial y les dijera que bebieran un poco de agua. La mayoría de los hombres se puso de rodillas para beber, pero trescientos hombres recogieron el agua con las manos y la bebieron con la lengua, como hacen los perros. Eso demostraba que estaban alerta y listos para cualquier cosa. Esos eran los hombres que Gedeón debía elegir para su ejército.

Eran trescientos hombres contra muchos miles.

Por la noche, Gedeón cercó el campo enemigo. A cada hombre, le dio una trompeta y una gran jarra de barro con una antorcha encendida. A su señal, los hombres rompieron las jarras y soplaron sus cuernos. Las luces de las trescientas antorchas y el ruido de las trescientas trompetas asustaron al enemigo, que huyó por todas partes y no regresó jamás.

Mientras Gedeón fue jefe, el pueblo de Israel vivió en paz.

Sansón
JUECES 13–16

Hubo una época en que la gente de Israel vivía al lado de los filisteos. Los filisteos eran personas muy fuertes. Gobernaban el país que debía ser de los israelitas.

Dios vio que el pueblo de Israel necesitaba un jefe más fuerte aun que los jefes que había mandado antes.

Dios mandó a Sansón para dirigir a su pueblo y lo dotó de una fuerza sobrehumana. Sansón sería fuerte mientras no se cortara el cabello.

Sansón dejó que su cabello creciera y lo sujetó en **siete trenzas**. Era tan fuerte que podía arrancar las puertas de las murallas de una ciudad y cargarlas al hombro. Si alguien intentaba atarlo, rompía las cuerdas como si fueran simples cordeles.

El número siete tenía un significado especial. Significaba algo completo y entero.

Los filisteos trataron una y otra vez de capturar a Sansón para meterlo en una prisión, pero fracasaron.

Entonces, Sansón conoció a una mujer hermosa llamada Dalila que fingió ser su amiga, pero que en realidad era una espía. Los filisteos le habían dicho a la mujer que le pagarían si averiguaba por qué era tan fuerte Sansón y cómo podía perder su fuerza.

A Sansón le gustaba Dalila y, un día, le confió el secreto.

Esa noche, cuando Sansón estaba dormido, los filisteos entraron en su casa y uno de ellos le cortó las trenzas. Entonces, Sansón se volvió como cualquier otro hombre. A los filisteos les fue fácil atarlo y arrastrarlo a la prisión.

Sansón le pidió a Dios que le devolviera la fuerza.

Sansón hizo fuerza contra los pilares que sostenían el edificio. Los pilares cedieron y el techo se derrumbó.

Murieron muchos filisteos y Sansón también. Desde entonces siempre recordaron a Sansón como a un héroe del pueblo de Dios.

Noemí y Rut
RUT 1–4

Noemí era israelita. Ella y su esposo eran de una ciudad llamada Belén en la tierra de Judá. Hacía mucho tiempo que se habían ido a vivir a Moab, donde no había muchos israelitas. Después de un tiempo, murió el esposo de Noemí y cuando sus dos hijos crecieron, se casaron con mujeres moabitas.

Luego, murieron también los hijos de Noemí. Noemí y las mujeres de sus hijos, Rut y Orfa, se quedaron solas.

Noemí se sentía sola y quería regresar a Belén para vivir entre su propia gente.

Rut y Orfa partieron con Noemí hacia Belén. No habían llegado muy lejos cuando Noemí se detuvo y les dijo a Rut y a Orfa que regresaran. Sabía que podían volver a casarse en su propio país. Quería que fueran felices.

Pero Rut quería a Noemí como a su propia madre y le dijo: «Por favor, no me pidas que te deje y que regrese a mi tierra. Iré a donde tú vayas y viviré donde tú vivas. Tu pueblo será mi pueblo. Tu Dios será mi Dios».

Rut se fue a Belén con su suegra. Eran pobres y Rut espigaba trigo para hacer pan.

El dueño del campo, un hombre llamado Booz, se fijó en Rut. Le parecía que Rut era valiente y buena porque había dejado a su propia gente y cuidaba a su suegra. Llegó a quererla aunque no fuera israelita.

Rut y Booz se casaron. Tuvieron un hijo al que llamaron Obed. Noemí volvió a ser feliz.

Obed fue el padre de Jesé, cuyo hijo fue el rey David.

Dios escucha la oración
1 SAMUEL 1–2

Un día, un hombre y una mujer llegaron a la ciudad de **Silo**. Venían a adorar en la tienda sagrada del Señor.

Elcaná y su esposa, Ana, habían estado casados durante mucho tiempo, pero no tenían hijos. Ana quería tener un hijo. Oró en el santuario al Señor. Sus labios se movían, pero no se oía su voz. Tenía los ojos llenos de lágrimas.

«Señor Todopoderoso —oraba—, permite que tenga un hijo. Si lo tengo, te lo entregaré para que te sirva toda su vida».

Silo era una ciudad de Palestina central, al oeste del río Jordán.

El sacerdote Elí vio que Ana actuaba de forma rara.

Ana le dijo que estaba muy afligida y triste. Estaba pidiendo a Dios que le diera un hijo. Elí la miró y le dijo: «No te aflijas. Estoy seguro de que el Dios de Israel escuchará tus oraciones».

Y así sucedió. Después de un tiempo, Ana tuvo un hijo y lo llamó Samuel.

Samuel vivió con Ana y Elcaná durante los primeros años de su vida. Luego Ana cumplió su promesa y llevó a Samuel donde Elí, el sacerdote, para que sirviera a Dios.

Dios fue bueno con Ana y le dio tres hijos y dos hijas más. Ana visitaba a Samuel todos los años cuando iba a adorar a Silo.

El profeta Samuel
1 SAMUEL 3

Samuel, el hijo de Ana, vivía en la tienda del Señor con el sacerdote Elí, que era su maestro.

Una noche, Samuel estaba dormido y se despertó cuando oyó que alguien lo llamaba.

Samuel se levantó y fue donde Elí. «Aquí estoy —le dijo—, ¿qué deseas?»

Pero Elí le dijo: «Yo no te he llamado. Regresa a dormir».

Entonces, Samuel volvió a su cama y se acostó. Otra vez oyó que alguien lo llamaba. Se levantó de nuevo, fue donde Elí y le dijo: «Aquí estoy, ¿qué deseas?».

«Hijo, yo no te he llamado», dijo Elí.

De nuevo Samuel regresó y se acostó.

Esto sucedió por tercera vez. Entonces, Elí comprendió que era Dios quien llamaba a Samuel y le dijo: «Regresa y acuéstate. Si alguien te llama otra vez, responde: Te escucho, Señor. ¿Qué quieres que haga?».

Samuel regresó y se acostó.

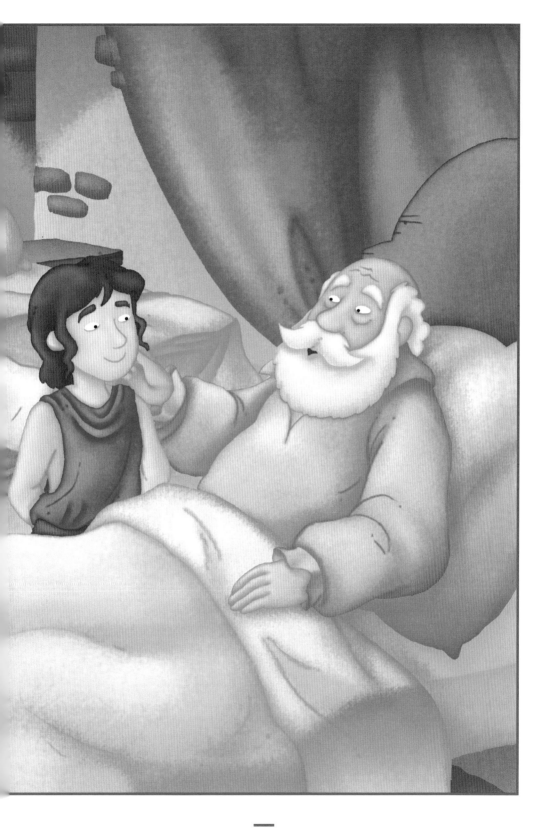

Dios vino, se detuvo al lado de Samuel y lo llamó como lo había hecho antes: «¡Samuel, Samuel!».

Entonces, Samuel dijo: «Te escucho, Señor. ¿Qué quieres que haga?». Y Dios le habló a Samuel.

Desde entonces, Samuel se convirtió en profeta del Señor. El pueblo obedecía a Samuel y este se convirtió en su jefe.

El primer rey
1 SAMUEL 9–15

Samuel envejeció. Los israelitas empezaron a buscar un sucesor.

Le dijeron a Samuel: «Queremos un rey que nos gobierne y nos guíe en las batallas, como los demás pueblos. Elige un rey para nosotros».

A Samuel no le gustaba la idea. Dios era el Rey de Israel. El pueblo no necesitaba otro rey.

Pero Dios le dijo a Samuel: «Haz lo que te piden. Dales un rey».

En esa época, el pueblo de Israel corría el peligro de que los **filisteos**, sus enemigos, les quitaran sus tierras.

Dios le dijo a Samuel que enviaría a un hombre que salvaría al pueblo de los filisteos.

Al día siguiente, un joven bien parecido vino donde Samuel. Era alto y les llevaba a todos una cabeza de estatura. Se llamaba Saúl. Estaba buscando unos burros que se habían escapado de la finca de su padre.

Saúl fue donde Samuel en busca de ayuda. Samuel le dijo: «No te preocupes por los burros. Ya los han encontrado».

Saúl no podía creer que lo hubieran elegido rey. Pensaba que no podía hacer ese trabajo, pero entonces, el espíritu de Dios se apoderó de él y sintió que era una persona diferente.

Los filisteos vivían a orillas y en las proximidades del mar Mediterráneo. Fabricaban armas y otros artículos de metal. Por eso eran ricos y difíciles de vencer en las batallas.

Samuel reunió a todo el pueblo para que conocieran a su nuevo rey.

Pero Saúl era tímido y se escondió. Unos hombres fueron a buscarlo. Saúl se presentó ante el pueblo.

Samuel dijo: «¡Miren bien al hombre que el Señor ha elegido! ¡No hay otro como él!».

Entonces, el pueblo gritó: «¡Que viva el rey!».

El futuro rey

El rey Saúl tenía un ejército poderoso. Ganó muchas batallas contra los filisteos, pero dejó de obedecer a Dios. Dios no quería que Saúl siguiera siendo rey.

Dios le dijo a Samuel que fuera a Belén a la casa de Jesé. Allí encontraría un nuevo rey.

Jesé tenía muchos hijos. El mayor era alto y buen mozo. Samuel pensó, «Ese deber de ser el que Dios quiere», pero Dios le dijo: «Ese no es el que yo he elegido. La gente juzga a los demás por su aspecto, pero yo juzgo a las personas por lo que tienen en el corazón».

El hijo que le seguía tampoco era el elegido. Ninguno de los siete hijos que Jesé le presentó a Samuel era el elegido.

«¿Tienes más hijos?», le preguntó Samuel.

Jesé contestó: «Sí, mi hijo menor, David, que está afuera cuidando las ovejas».

Cuando David entró, Dios le dijo a Samuel: «Ese es». Samuel le dio a David una bendición especial. Un día, David llegaría a ser rey.

David y Goliat
1 SAMUEL 17

El ejército del rey Saúl estaba en problemas, pues sus enemigos, los filisteos, habían acampado en una colina al otro lado del valle.

Los dos ejércitos se preparaban para la guerra.

Una mañana, un hombre gigante salió del campamento de los filisteos. Se llamaba Goliat. Medía nueve pies (2,70 metros) de estatura y llevaba un casco y una gruesa armadura de bronce. Además, tenía una espada, una lanza y una daga.

Goliat se puso de pie y les gritó a los hombres del rey Saúl: «Busquen a su mejor soldado para que venga a luchar conmigo. Si él gana, nuestro pueblo será su esclavo, pero si yo gano, ustedes serán nuestros esclavos».

Ninguno de los soldados de Saúl quiso luchar contra el gigante ese día.

Entonces, Goliat regresó al día siguiente y luego, día tras día. Salía dos veces al día a desafiar a quien estuviera dispuesto a luchar. Día tras día, los hombres de Saúl se negaban.

Mientras tanto, David cuidaba las ovejas de su padre, Jesé. Tres de los hermanos dc David estaban en el ejército de Saúl.

Un día, Jesé le dijo a David que les llevara pan a sus hermanos. Cuando David estaba en el campamento, salió el gigante Goliat.

«Elijan a alguien para que luche contra mí», volvió a gritar. Los soldados de Saúl se negaron nuevamente.

David le dijo a Saúl: «No podemos permitir que ese filisteo nos llame cobardes. Yo iré y lucharé contra él».

«Pero si tú eres un niño —le dijo el rey Saúl—. ¿Cómo vas a luchar contra ese gigante?»

David respondió: «He luchado contra leones y osos cuando intentaron llevarse mis ovejas. El Señor me salvó de las garras de osos y leones y ahora me protegerá de las manos de este filisteo».

«Muy bien, ve y lucha —dijo Saúl—. Espero que el Señor te ayude».

Saúl le puso a David su propio casco y armadura. David, que apenas podía moverse por el peso, se los quitó.

Luego, David escogió cinco piedras del río y las metió en su bolsa de pastor. Con su **honda** en la mano y su bastón, se paró frente a Goliat.

La honda era una tira de cuero que se usaba como arma. Se le colocaba una piedra en el centro y se hacía girar sobre la cabeza. Cuando se soltaba uno de los extremos, la piedra salía volando.

El gigante se burló de David diciendo: «¿Crees que soy un perro para que vengas a atacarme con un palo?».

«Tú vienes a atacarme con una espada, una lanza y una daga —dijo David—, pero yo vengo a luchar contra ti en nombre del Señor Todopoderoso».

David metió la mano en su bolsa, sacó la honda y una piedra. Luego apuntó y le lanzó la piedra a Goliat. La piedra se hundió en la frente de Goliat, quien cayó muerto, de cara al suelo.

Cuando el ejército de los filisteos vio que su héroe estaba muerto, se dio la vuelta y huyó. David había salvado a los israelitas con una honda y una piedra.

El amigo de David
1 SAMUEL 18–19

David se fue a vivir con el rey Saúl. Jonatán, el hijo de Saúl, también quería a David. Los dos se volvieron muy buenos amigos.

Al poco tiempo, el rey Saúl comenzó a tenerle envidia a David. Lo mandó a pelear en una batalla esperando que muriera, pero Dios estaba con David y este regresó como un héroe.

Entonces, Saúl se enojó mucho. Como Jonatán temía por la vida de David, los dos amigos trazaron un plan: si Jonatán se enteraba de que David corría peligro, buscaría la manera de advertirle para que pudiera escapar.

Una mañana, David estaba escondido en el campo detrás de una gran roca. Jonatán vino con su arco y sus flechas. Disparó una flecha que llegó muy lejos. Entonces Jonatán llamó a uno de sus sirvientes para que recogiera la flecha. Esa era la señal entre David y Jonatán de que el rey Saúl estaba persiguiendo a David.

Cuando el sirviente se fue, David salió, se inclinó tres veces ante Jonatán y luego se despidieron. Ambos lloraron, pero David lloró más fuerte.

Jonatán le dijo a David: «Cuídate y recuerda que siempre seremos amigos».

Las canciones del rey David
1 SAMUEL 23; 2 SAMUEL 8
LOS SALMOS 18, 23, 5, 145

El rey Saúl siguió persiguiendo a David. Envió tres veces a sus hombres para que lo mataran, pero Dios protegió a David y por eso escapó de la ira de Saúl.

Cuando murió el rey Saúl, el pueblo escogió a David como rey. Fue un gran rey. Su ejército derrotó a los filisteos y conquistó más tierras para el pueblo de Israel. David fundó una nueva capital: Jerusalén.

Con grandes festejos, el rey David hizo traer las Tablas de la Alianza a Jerusalén. El pueblo de Israel había guardado las tablas desde que Dios se las había dado a Moisés hacía casi quinientos años.

El rey David nunca se olvidó de Dios a lo largo de toda su vida. Escribió muchas canciones para pedir ayuda, para agradecer y alabar a Dios. Muchas canciones de David se llaman salmos.

A Jerusalén también se la llama a veces la ciudad del rey David.

David escribió un salmo para agradecer a Dios por salvarlo de Saúl.

¡Dios mío, yo te amo,
porque tú me das fuerzas!
Tú eres para mí
la roca que me da refugio...
Cuando te llamo
me libras de mis enemigos.
Salmo 18: 1–3

Esta es una parte de un salmo que David escribió acerca de la bondad de Dios.

El Señor es mi pastor,
nada me falta:
en verdes praderas
me hace reposar,
me conduce a aguas
del remanso
y conforta mi alma...
Salmo 23: 12

Algunas canciones de David son oraciones para pedir la ayuda de Dios. Una de ellas dice:

Escucha con atención mis palabras;
toma en cuenta mis súplicas,
escucha mi llanto,
pues a ti dirijo mi oración.
Tan pronto como amanece
te presento mis ruegos,
y quedo esperando
tu respuesta.
      Salmo 5: 1–3

En muchas de sus canciones, David habla del amor de Dios. Esta es parte de una canción:

Mi Dios y Rey,
¡siempre te bendeciré
y alabaré tu grandeza!
Tú eres tierno y bondadoso…
Eres bueno con tu creación,
y te compadeces de ella.
Tu reino siempre
permanecerá.
Salmo 145: 1, 8–9, 13

Un rey sabio
1 REYES 3–4

El rey David vivió muchos años. Cuando murió, su hijo Salomón quedó como rey.

Al igual que su padre, Salomón creía en Dios. Una noche, Dios se le apareció a Salomón en un sueño.

Dios le dijo: «Pídeme lo que quieras y te lo concederé».

Salomón tenía solo veinte años. Sabía que, como rey, tendría que tomar muchas decisiones. Le pidió a Dios que lo hiciera sabio y entendido para poder tomar decisiones correctas y ser un buen gobernante.

Dios estuvo complacido con la petición de Salomón, quien pudo pedir riquezas o una vida larga.

Dios le dijo a Salomón: «¡Te haré el hombre más sabio que jamás haya existido!».

El rey Salomón llegó a ser famoso por su gran
sabiduría. La gente venía de todas partes a pedirle ayuda
para resolver sus problemas.

Un día, dos mujeres llegaron ante Salomón. Una de
ellas tenía un niño en los brazos. Ambas afirmaban que
el niño era su hijo. Ambas decían que la otra se lo había
quitado.

¿Cuál de las dos mujeres era la verdadera madre?
Salomón no lo sabía.

Se le ocurrió una idea para averiguar la verdad. Dijo: «Cortemos al niño en dos pedazos. De esa manera, cada una de ustedes tendrá una parte».

Una de las mujeres aceptó; así ninguna tendría al niño.

Pero la otra mujer gritó: «¡Dale el niño a ella! ¡No lo mates!».

Salomón se dio cuenta de que esa era la verdadera madre y le devolvió a su hijo.

Cuando la gente oyó esta historia, comprendió que su rey era el hombre más sabio del mundo.

El Templo del rey Salomón
I REYES 5–8

Cuatro años después de haber sido nombrado rey, Salomón empezó a construir un gran templo en Jerusalén. David, su padre, había soñado con eso hacía mucho tiempo.

Tardaron siete años en construir el Templo de Salomón. Tenía varios pisos de altura. El exterior era de piedra. El interior era de cedro y pino adornado con oro y otros metales preciosos.

Cuando terminaron de construir el Templo, sacaron el arca con las Tablas de la Alianza de la tienda del Señor, donde había estado desde la época de David. Llevaron el arca sobre unos palos largos hasta el Templo nuevo y la pusieron en un recinto especial sobre un altar de oro.

De pronto, una nube llenó el recinto. La gloria de Dios estaba presente en la nube.

Salomón levantó los brazos hacia el cielo. «Dios de Israel —oró—. Ningún otro dios ni del cielo ni de la tierra es igual a ti».

Las palabras sabias del rey Salomón
PROVERBIOS 10, 11, 12, 14, 16, 17, 20, 21

El rey Salomón daba buenos consejos para que la gente viviera bien y feliz. He aquí algunos de sus sabios consejos:

Los hijos sensatos son la alegría de sus padres, pero los necios les causan tristeza.

Si hablas mucho, dirás disparates. Por eso, sé sensato y ten cuidado con lo que dices.

La bondad recibe recompensa, pero si eres cruel, te harás daño a ti mismo.

Esfuérzate por obrar bien y encontrarás amigos; si buscas problemas, los encontrarás.

La gente buena es bondadosa con sus animales, pero la gente mala es cruel.

Cuando decimos mentiras, caemos en nuestra propia trampa, pero evitamos problemas cuando vivimos prudentemente.

No está bien despreciar al prójimo, y Dios
bendice a todo el que es bueno con los pobres.

Las palabras cariñosas son como la miel,
te alegran y te fortalecen.

No confíes en la gente violenta,
te confundirán y cometerás errores.

Hasta los tontos parecen inteligentes cuando callan.

Los buenos viven correctamente,
y Dios bendice a los hijos que siguen su ejemplo.

Los oídos y los ojos son dones del Señor.

La comida que consigues cuando engañas puede
ser deliciosa, pero se convierte en arena.

Si tratas de ser amable y bondadoso,
serás bendecido con vida, prosperidad y honor.

Elías y el rey malo
1 REYES 12, 17

El rey Saúl, el rey David y el rey Salomón habían go-
bernado el reino de Israel.

Pero cuando murió el rey Salomón, dos hombres
querían ser reyes. Entonces, el país se dividió en dos
partes: el norte y el sur. La parte norte se llamó Israel.
La parte sur, donde estaba Jerusalén, se llamó Judá.
Cada parte tenía su propio rey.

Algunos reyes obedecían las leyes de Dios y eran justos con la gente. Otros, no.

En el reino de Israel, reinó una vez un rey llamado Ajab.

Ajab decía que la gente podía adorar a otros dioses. Algunos todavía adoraban al Dios de Israel, pero muchos adoraban también estatuas de madera y de metal y las llamaban dioses.

Uno de esos dioses falsos era Baal. La gente creía que Baal hacía que lloviera y que el sol brillara.

El rey Ajab construyó un templo para Baal en Samaria, la capital de su reino.

El Dios de Israel se enojó mucho por eso y envió a su
profeta Elías a ver al rey Ajab.

Elías le dijo al rey Ajab: «¿De modo que crees en
Baal? Soy el siervo del Señor, el Dios de Israel. Te
advierto que no lloverá hasta que yo no diga que llueva.
No habrá ni siquiera una gota de rocío en el suelo». Y
ese día no llovió.

Tampoco llovió ese mes, ni los meses siguientes.

> Un profeta era una persona que transmitía
> los mensajes de Dios al pueblo o al rey.

Como Dios protegía a Elías, le dijo que fuera a un lugar secreto al otro lado del río Jordán. Unos cuervos enviados por Dios le traían pan y carne dos veces al día. Por un riachuelo, corría agua para que Elías bebiera.

Después de un tiempo, todos los ríos y riachuelos de Samaria se secaron y no llovió para llenarlos.

¿Quién es el Dios verdadero?
1 REYES 18

No llovió durante tres años en Samaria. Todo ese tiempo, Dios cuidó de Elías. Entonces, Dios le dijo: «Ve y visita otra vez al rey Ajab. Pronto mandaré lluvia».

Cuando el rey vio a Elías, gritó: «¡Ahí viene el causante de la ruina de Israel!».

Elías le dijo: «No. Tú eres el causante de la ruina de Israel. No debes adorar a Baal. Eso va en contra de los mandamientos del Señor».

Elías le dijo al rey Ajab que le demostraría que el Dios de Israel era el único Dios verdadero.

Le pidió que reuniera a todos los profetas de Baal y los mandara a la cumbre del Monte Carmelo, donde él los esperaría.

La multitud se reunió rápidamente para ver lo que estaba sucediendo. Elías les dijo a los israelitas: «Ustedes no pueden adorar a dos dioses. Si el Señor es Dios, ¡deben adorarlo a él, pero si Baal es Dios, es a él a quien deben adorar!».

A los profetas de Baal les dijo que construyeran un altar y pusieran leños encima. Él haría lo mismo.

«Los profetas de Baal deben pedir a su dios y yo pediré al Señor —le dijo Elías a la gente—. El que conteste encendiendo fuego en el altar, ese es el Dios verdadero».

Los profetas de Baal intentaron primero. Construyeron un altar y bailaron alrededor de él. Gritaron y oraron, pero no hubo fuego.

Elías dijo: «Quizás su dios está soñando despierto. Quizás está de viaje o quizás está dormido».

Los profetas gritaron más fuerte, pero Baal no despertó.

Entonces, le tocó el turno a Elías. Construyó su altar con doce piedras y puso leña encima. Luego cavó una fosa alrededor del altar.

Elías le dijo a la gente que echara baldes de agua sobre el altar para mojarlo bien. La fosa se llenó de agua.

Elías estaba listo. Pidió a Dios: «Por favor, escúchame para que esta gente sepa que tú eres el Señor Dios y sus corazones regresen a ti».

¡En cuanto dijo esto, el altar ardió en llamas! El fuego quemó la leña y las piedras mojadas, quemó el suelo que rodeaba el altar y secó hasta la última gota de agua que había en la fosa.

Toda la gente se inclinó y empezó a decir: «¡El Señor es Dios! ¡El Señor es Dios!».

Unos minutos después, el cielo se nubló. El viento comenzó a soplar y la lluvia cayó en abundancia.

Elías se va
2 REYES 2

Elías era el jefe de todos los profetas. Él hizo muchos milagros que mostraron el poder de Dios. Pero ya estaba viejo y cansado.

Dios le mandó a Elías un ayudante, un joven llamado Eliseo, que le prometió a Elías: «Me quedaré contigo, pase lo que pase».

Cuando Dios envió a Elías a la ciudad de Betel, Eliseo fue con él. Cuando Dios le dijo a Elías que fuera a Jericó, Eliseo también fue.

Un día, Elías le dijo a su ayudante: «El Señor quiere que vaya al río Jordán. Tú debes quedarte aquí», pero Eliseo fue con él hasta el río.

Cuando llegaron allí, Elías se quitó el manto, lo enrolló y con él golpeó el agua. Al instante, se abrió un sendero para que ambos cruzaran el río. Cuando llegaron a la otra orilla, el agua se volvió a cerrar.

Elías se dirigió a Eliseo y le dijo: «El Señor me llevará pronto. Si tú estás conmigo cuando eso suceda, tomarás mi lugar como jefe de todos los profetas de Dios».

Los dos hombres siguieron caminando y hablando. De pronto, un carro de fuego tirado por caballos briosos se interpuso entre ellos. Luego sopló un viento fuerte que se llevó a Elías al cielo.

«¡El Señor se ha llevado a mi maestro!», exclamó
Eliseo. Vio el manto de Elías sobre el suelo. Lo levantó
y regresó al río Jordán.

«¿Me hará el Señor milagros como le hacía a Elías?»,
se preguntó.

Eliseo golpeó el agua con el manto, y ¡se abrió un
sendero seco!

Los profetas de Jericó vieron lo que sucedió y
dijeron: «Eliseo tiene ahora los poderes de Elías», y lo
nombraron su jefe.

Los milagros de Eliseo
2 REYES 4–5

Eliseo siguió los pasos de su maestro Elías. Demostró muchas veces lo poderoso y bueno que es Dios.

Una vez, una mujer vino a pedirle ayuda a Eliseo. Su esposo había muerto y necesitaba dinero para pagar sus deudas. Un hombre venía a cobrar el dinero que le debía. Si no le pagaba, se llevaría a los dos hijos de la mujer para convertirlos en sus esclavos.

Eliseo le preguntó a la mujer: «¿Qué tienes en tu casa?».

«Señor —respondió ella—. Solo tengo una pequeña botella de aceite de oliva».

Eliseo le dijo a la mujer que fuera donde sus vecinos y les pidiera vasijas vacías. La mujer regresó con muchas vasijas.

Entonces, Eliseo le dijo que vaciara el aceite de oliva de su botella en cada una de las vasijas.

El aceite de oliva era muy valioso. Se usaba para cocinar, para curar, para el aseo personal y para ceremonias religiosas. También para hacer arder las lámparas.

La mujer vació el aceite en la primera vasija hasta llenarla. Volvió y llenó otra vasija. ¡Con su pequeña botella de aceite llenó todas las vasijas de la casa! Y todavía quedaba aceite en su botella.

Eliseo le dijo: «Ahora, vende el aceite y usa parte del dinero para pagar lo que le debes al hombre. Tú y tus hijos podrán vivir con el resto del dinero».

En otra ocasión, Eliseo ayudó a un soldado valiente de otro país. Se llamaba Naamán y tenía una enfermedad terrible en la piel.

Naamán oyó hablar del profeta de Israel. Pensó que, quizás, Eliseo podría curar su enfermedad.

Naamán llegó desde su país para ver a Eliseo. El profeta le dijo: «Ve, báñate siete veces en el río Jordán y quedarás completamente curado».

Eso le pareció demasiado fácil a Naamán.

Si eso era todo lo que necesitaba para curarse, podía haberse bañado en un río de su país, pero sus sirvientes le aconsejaron que hiciera lo que el profeta le había dicho, ya que había venido desde tan lejos.

Naamán se metió siete veces en el río Jordán. Al instante, su piel quedó suave como la de un niño. Estaba curado, tal como Eliseo le había dicho.

Naamán salió del río y dijo: «Ahora sé que el Dios de Israel es el único Dios del mundo».

Encuentran un libro perdido
2 REYES 22–23

El rey David y su hijo Salomón fueron los últimos reyes que gobernaron la Tierra Prometida.

Cuando el reino quedó dividido en dos partes, sus nietos y tataranietos gobernaron la parte sur llamada Judá.

Muchos de los reyes de Judá se alejaron de Dios. Adoraban a Baal y a otros dioses falsos, pero Josías, no.

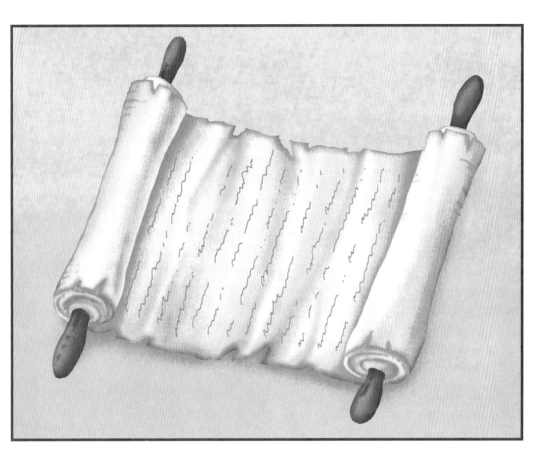

Josías era el decimosexto rey de Judá. Lo nombraron rey cuando solo tenía ocho años. A medida que crecía, Josías seguía los pasos del rey David, su antepasado.

Cuando Josías tenía veintiséis años, vio que el Templo de Jerusalén estaba en malas condiciones y ordenó que lo repararan. Los obreros empezaron a trabajar en el Templo y el asistente del rey vino a vigilarlos. Al revisar los objetos del Templo, encontró un **libro antiguo** y se alegró mucho.

No era un libro como los que conocemos ahora. Era un rollo de pergamino.

El asistente le llevó el libro al rey Josías. «¡Su Majestad, mire lo que he encontrado en el Templo!» Era el libro de las leyes de Dios, todas las leyes que Dios le había dado a Moisés en el Monte Sinaí. ¡El libro tenía más de ochocientos años!

Josías leyó el libro. Se entristeció porque la gente no obedecía estas leyes. De ahora en adelante, él se encargaría de que se obedecieran.

El rey Josías reunió a todos los sacerdotes y jefes y les leyó el libro. Pidió al pueblo que obrara como lo mandaba el libro.

Luego, ordenó que destruyeran todas las estatuas de los dioses falsos.

Ningún otro rey, antes ni después de Josías, se esforzó tanto como él por obedecer las leyes de Dios dadas a Moisés.

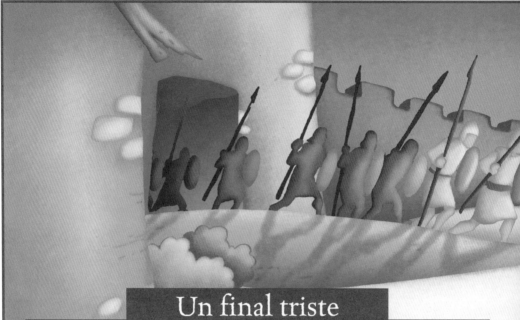

Un final triste
2 REYES 24–25

Después de Josías, hubo tres reyes más. Todos ellos volvieron a adorar dioses falsos. Finalmente, Dios dijo: «El pueblo de Judá me ha rechazado. No lo toleraré más».

Entonces, Dios dejó que los enemigos del pueblo invadieran el país. En esa época, había un rey muy poderoso en Babilonia llamado Nabucodonosor. El rey Nabucodonosor envió su ejército a Jerusalén. Sus soldados entraron en la ciudad y quemaron todos los edificios importantes: el palacio del rey, el Templo que Salomón había construido y todas las casas.

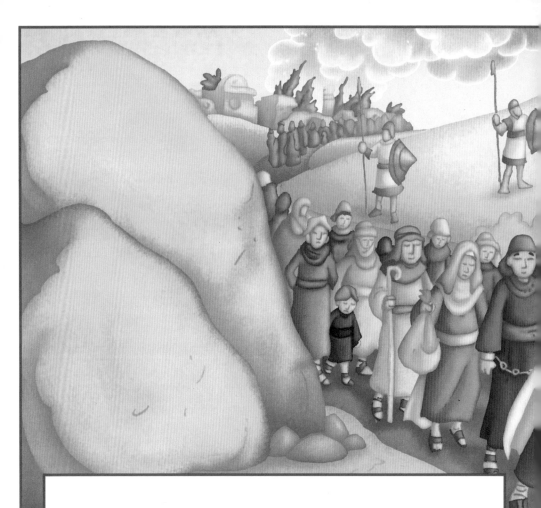

Arrancaron piezas del Templo para llevárselas a Babilonia. Además, se llevaron todos los objetos de oro y plata que había en el Templo.

Capturaron a la familia real, a los jefes del gobierno, a los mejores trabajadores y a los solda-dos, y se los llevaron a Babilonia. Solo dejaron a la gente más pobre para que cultivara la tierra.

El pueblo de Judá ya no tenía patria.

Daniel y el sueño del Rey
DANIEL 1–2

En Babilonia pusieron a trabajar muy duro a miles de habitantes de Judá. Eran prisioneros y no se les permitía regresar a su patria.

Pasaron tres años. El rey Nabucodonosor mandó a buscar a su consejero principal. Le dijo que fuera donde los judíos y eligiera a los jóvenes más inteligentes y más apuestos. A esos jóvenes se les enseñaría a hablar y a escribir en el idioma de Babilonia. Los entrenarían para que trabajaran en el palacio como funcionarios.

En Babilonia, a los israelitas los llamaban "judíos", que significaba de Judá.

Uno de esos jóvenes era Daniel.

Daniel obedecía las leyes de Dios. Además, podía interpretar el significado de los sueños.

Prepararon a Daniel durante tres años y luego, el rey le dio un puesto en la corte.

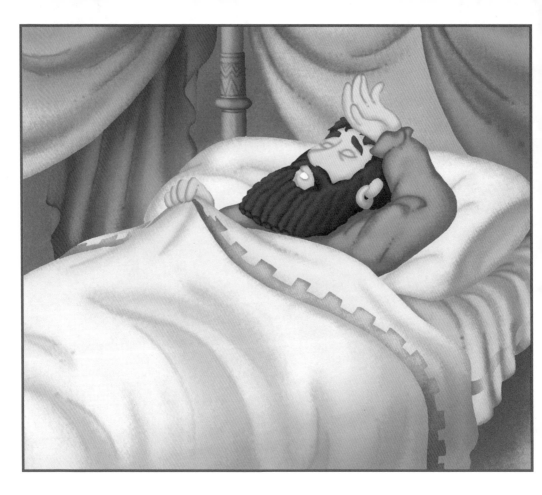

Unos años después, circularon noticias terribles en la corte. El rey había dado la orden de matar a todos los hombres sabios de la corte, incluso a Daniel.

«¿Por qué ha dado el rey una orden tan terrible?», preguntó Daniel.

El oficial del rey le dijo: «El rey ha tenido un sueño extraño. Piensa que si los hombres sabios fueran verdaderamente sabios, podrían decirle qué significa su sueño, pero como nadie ha podido hacerlo, está enojado con todos ellos».

Daniel oró a Dios y le pidió que le revelara el secreto del sueño del rey. Esa noche, Daniel vio el significado del sueño; entonces, se apresuró a ver al rey.

«No es necesario que mates a tus hombres sabios. Dios me ha mostrado el significado de tu sueño», le dijo Daniel al rey y le contó lo que había visto.

Cuando Daniel terminó de hablar, el rey se inclinó ante él: «Ahora sé que tu Dios está por encima de otros dioses y reyes porque te dio el poder de explicar este misterio».

El sueño del rey
DANIEL 2

El rey soñó que estaba frente a una estatua enorme y aterradora. La cabeza era de oro, el pecho y los brazos, de plata. De la cintura a las rodillas era de bronce. De las rodillas a los tobillos era de hierro. Los pies eran una mezcla de hierro y barro.

De pronto, hubo un corte en una piedra de la montaña, pero no por manos humanas. La piedra cayó y se estrelló contra los pies de la estatua y los destrozó. Entonces, el resto de la estatua se derrumbó y desapareció. La piedra se convirtió en una montaña que cubrió la tierra.

Daniel le dijo al rey lo que significaba el sueño: Dios le había dado al rey Nabucodonosor un gran poder. El rey era la cabeza de oro de la estatua. Las demás partes de la estatua eran los reinos que vendrían después de él. Ninguno de ellos sería tan fuerte.

Pero el reino más fuerte de todos, el reino regido por Dios desde el cielo, sería como la piedra. Destruiría el hierro, el bronce, el barro, la plata y el oro. Nunca sería destruido.

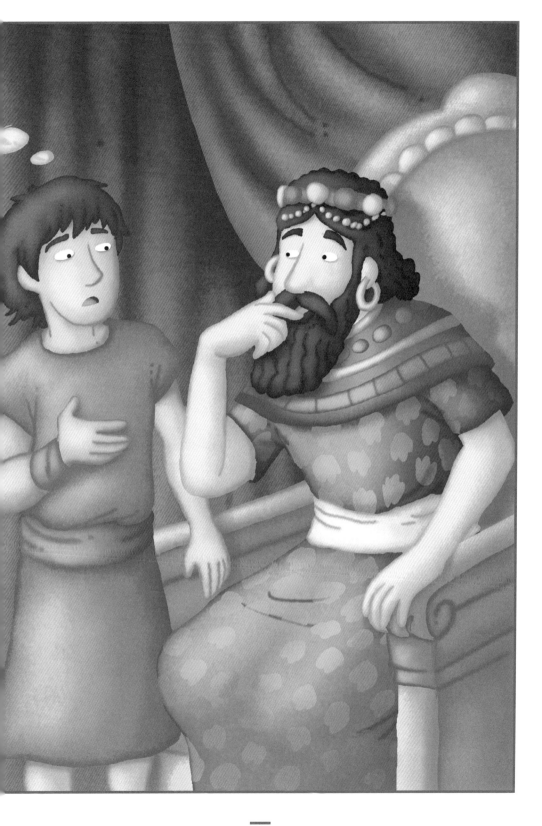

El ángel en el fuego
DANIEL 3

Daniel fue nombrado gobernador de una provincia.

Una vez, cuando Daniel estaba lejos de la corte, el rey Nabucodonosor mandó construir una estatua de oro gigantesca. Dijo que era un gran dios y le dijo a la gente que debía adorar la estatua.

Hubo un gran festejo. La gente vino de todas partes, de lugares cercanos y lejanos para ver la estatua. El siervo del rey les dijo: «Cuando oigan la música, tienen que inclinarse y adorar al dios de oro. Si no lo hacen, arderán en un horno de fuego».

La música empezó a tocar. Todos cayeron de rodillas, excepto tres hombres.

Esos hombres se llamaban Sadrac, Mesac y Abed-nego. Eran judíos y amigos de Daniel. «Nosotros solo adoramos al Dios de Israel —dijeron—. Él nos salvará del fuego. Aunque no nos salve, no adoraremos a otros dioses, ni a la estatua de oro».

Esos eran los nombres que el rey Nabucodonosor les había dado a los amigos de Daniel. Sus nombres hebreos eran Ananías, Misael y Azarías. Daniel también tenía un nombre babilonio: Baltasar.

El rey se enojó mucho. Ordenó a sus sirvientes que prepararan una hoguera siete veces más caliente de lo usual. Los hombres del rey tomaron a Sadrac, Mesac y Abed-nego y los metieron en el fuego. Pero ellos no se quemaron. El rey los vio caminar entre las llamas, pero también vio otra figura entre las llamas.

El rey sabía que era un ángel y gritó:

«Ustedes, siervos del Altísimo Dios, ¡salgan inmediatamente!».

Los tres hombres salieron caminando del fuego.
Tenían el mismo aspecto que antes. El fuego no les
había quemado ni un solo cabello.

«Alabado sea el Dios de Sadrac, Mesac y Abed-nego
—gritó el rey—. Ningún otro dios tiene tanto poder».

Daniel en la fosa de los leones
DANIEL 6

Con el tiempo, el reino de Nabucodonosor llegó a su fin. Así como Nabucodonosor se había apoderado de la tierra de Judá, el rey de Persia se apoderó de Babilonia, el país de Nabucodonosor.

Darío, el nuevo rey, dividió el país en muchos estados. Cada estado tenía un gobernador. Darío necesitaba que alguien gobernara a todos los gobernadores. Necesitaba una persona sabia y honesta, y eligió a Daniel.

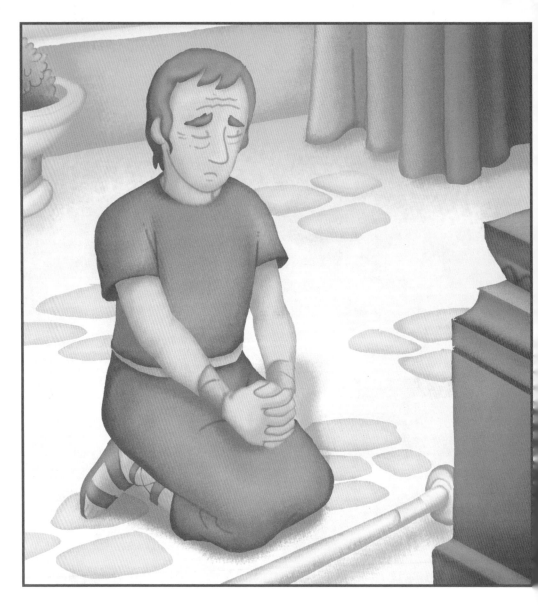

Algunos en el gobierno le tenían envidia a Daniel. Querían demostrarle al rey que Daniel no era apto para gobernar el reino, pero no podían encontrarle ningún defecto.

Los envidiosos sabían que Daniel era judío y que adoraba a Dios todos los días. Entonces, trazaron un plan para deshacerse de él.

Los hombres le dijeron al rey Darío: Creemos que el pueblo debería rendirte homenaje. Dicta una ley para que durante los próximos treinta días nadie pueda adorar a ningún dios ni a hombre que no seas tú. El que desobedezca la ley, deberá ser arrojado a una fosa llena de leones».

Darío dictó la ley y la escribieron.

Unos días después, los hombres vinieron a ver al rey. Le dijeron que había una persona que no obedecía la ley del país. Habían visto que el judío Daniel oraba tres veces al día, a pesar de conocer la ley.

Entonces, el rey Darío comprendió que los hombres lo habían engañado, pero la ley estaba escrita y no podía borrarla. Llevaron a Daniel a la fosa. «Lo siento —dijo el rey Darío—. Tú has sido fiel a tu Dios y pido que él te rescate».

Los hombres arrojaron a Daniel a la fosa de los leones hambrientos y taparon la entrada con una piedra para que no pudicra escapar.

El rey Darío estuvo preocupado por Daniel toda la
noche. No pudo comer ni dormir.

Por la mañana corrió a la fosa.

«Daniel —gritó—, ¿ha podido tu Dios salvarte de
los leones?»

Desde el fondo de la fosa, Daniel contestó: «Mi Dios mandó un ángel para que me protegiera de los leones. Oh, rey, no hice nada para ofenderte».

Retiraron la piedra y Daniel salió de la fosa. Dios lo había salvado porque era fiel y honesto. El rey Darío vio esto y mandó que su pueblo adorara al Dios de Daniel.

La reina Ester
ESTER 3–9

Cuando el rey Ciro gobernaba Babilonia, las cosas cambiaron para los judíos. Ciro les dijo que eran libres de regresar a Jerusalén. A muchos les gustaba el país y decidieron quedarse, pero algunas personas no querían que se quedaran allí.

Había un hombre llamado Amán que no quería a los judíos. Amán era un alto funcionario del gobierno de Jerjes, el nuevo rey, y odiaba a Mardoqueo, un judío que no se inclinaba ante él. Eso molestaba mucho a Amán.

Amán tramó un plan malvado para deshacerse no solo de Mardoqueo, sino también de todos los judíos del país.

Amán le dijo a Jerjes que los judíos no obedecían las leyes y que eran un peligro para el país. El rey creyó la mentira de Amán y le dijo que hiciera lo que quisiera con los judíos.

Amán mandó cartas en nombre del rey, diciendo que el día treinta del decimosegundo mes, se podría asesinar a todos los judíos y se les podría quitar su dinero.

Cuando Ester, la esposa del rey, supo que habían mandado esas cartas, se puso muy triste. Mardoqueo era su primo. Ester era judía, pero nunca se lo había dicho al rey.

¿Debería decirle ahora y rogarle que perdonara la vida de los judíos o debía callarse para salvar su propia vida?

Ester era hermosa, pero también era buena y valiente. Fue donde el rey y le dijo: «Si me quieres y estás dispuesto a ayudar, puedes salvar a mi pueblo». Entonces le contó lo que Amán había hecho.

El rey amaba a Ester. Sin vacilar un instante, dictó una nueva ley: A partir de ahora, el día treinta del duodécimo mes, los judíos podrán defenderse. En cuanto a Amán, el rey lo hizo colgar ese mismo día.

Los judíos sobrevivieron y festejaron en grande. Rindieron homenaje al rey y a su valiente reina Ester.

Purim es el nombre del festival que se celebra cada año para recordar este suceso. En Purim, se lee en voz alta la historia de Ester y cada vez que se pronuncia el nombre de Amán, los niños hacen ruido para que el nombre no se oiga.

Jonás y el gran pez
JONÁS 1–4

Un día Dios se apareció a Jonás en Israel. Le dijo que viajara a una ciudad lejana llamada Nínive porque la gente de ese pueblo estaba haciendo cosas muy malas. Jonás tenía que avisarles que Dios estaba tan enojado que pensaba matarlos a todos.

Jonás no quería ir a Nínive. Ese era un pueblo enemigo de Israel. No quería tener nada que ver con ellos.

En lugar de ello, Jonás fue al puerto de Jope. Compró un pasaje en un barco y decidió irse muy, muy lejos a España.

Era el único hebreo en el barco.

Durante el viaje, hubo una gran tormenta. El viento soplaba y las olas se estrellaban contra el barco. Los marineros tenían mucho miedo de que el barco se hundiera.

«Tú tienes la culpa —le dijo un marinero a Jonás—. ¿No nos dijiste que te estabas escapando de tu Dios? Tu Dios mandó esta tormenta para castigarte».

Jonás sospechaba que eso era verdad.

«Arrójenme al mar —les dijo a los marineros—, para que pase la tormenta».

Los marineros no querían hacerlo, pero como la tormenta arreciaba, arrojaron a Jonás al mar.

El mar se calmó de inmediato.

Jonás se hundió en las aguas turbulentas. Las algas envolvieron su cabeza, y él sabía que se estaba ahogando. Entonces se acordó de Dios y oró.

Jonás no se ahogó en el mar. Dios mandó un pez grande para que se lo tragara.

Dentro del pez, Jonás estaba a salvo.

De nuevo oró a Dios y le agradeció por su misericordia. Prometió que siempre iba a alabarlo y adorarlo.

Jonás estuvo en la barriga del pez durante tres días y tres noches. Entonces, Dios le ordenó al pez que nadara hasta la playa. El pez abrió la boca y Jonás salió.

Dios le pidió otra vez a Jonás que fuera a Nínive y esta vez, Jonás fue. Predicó al pueblo sobre Dios. La gente se alejó de sus malas costumbres y obedeció las leyes de Dios. Por eso, Dios no destruyó la ciudad.

¡Habrá paz!
MIQUEAS 4–5

En Judea vivía un hombre llamado Miqueas. Dios le había concedido a Miqueas la facultad de ver el futuro.

Miqueas vio que al pueblo de Judá le esperaba mucho sufrimiento. Habría muchas guerras, y el ejército de Judá sería derrotado por sus enemigos.

Miqueas trató de advertirle al rey Jotán. Cuando murió el rey Jotán, Miqueas trató de advertirles a Ahaz y Ezequías, los reyes que le sucedieron.

Pero los reyes no lo escucharon. Algunos se habían alejado de Dios y adoraban a dioses falsos. Miqueas les dijo que si no obedecían a Dios, el pueblo no tendría salvación alguna.

Con el tiempo, las advertencias de Miqueas se hicieron realidad. Los enemigos de Judá destruyeron Jerusalén y expulsaron al pueblo de su tierra.

Sin embargo, Dios también tenía un mensaje de esperanza para Miqueas. Le prometió que un día, la lucha terminaría y que todas las armas de guerra se convertirían en palas y rastrillos.

La gente nunca volvería a hacer guerra ni a atacarse entre sí.

«Vendrá un gran jefe», le dijo Dios a Miqueas. Y Miqueas le dijo a la gente: «Como un pastor cuida a sus ovejas, ese líder cuidará a su pueblo, gracias al poder del Señor, su Dios. Toda la tierra conocerá su verdadera grandeza porque traerá paz.

»Ese hombre de paz gobernará a toda la nación y nacerá en Belén, uno de los pueblos más pequeños de Judá».

EL NUEVO TESTAMENTO

Historias del Nuevo Testamento

Buenas noticias del ángel Gabriel
LUCAS 1: 5–25

Cuando Herodes el Grande era rey de Judea, vivía allí un anciano llamado Zacarías. Su esposa se llamaba Isabel y no tenían hijos.

Zacarías e Isabel eran buenas personas y se esforzaban por obedecer las leyes del Señor. Dios veía eso y estaba complacido con ellos.

Herodes fue el primer gobernador de Galilea y posteriormente, rey de Judea, de Galilea, de Samaria y de la región situada al este del río Jordán.

Un día, Zacarías estaba sirviendo en el templo del Señor como sacerdote.

De pronto, un ángel del Señor bajó y se paró junto a él. Zacarías no sabía qué hacer.

«No tengas miedo —le dijo el ángel—. Soy Gabriel, siervo de Dios, y me han mandado para que te dé buenas noticias.

»¡Isabel, tu esposa, va a tener un hijo! Le pondrás por nombre Juan; él será un gran siervo de Dios. Gracias a él, los que no obedecen a Dios se reformarán. Juan preparará a la gente para recibir al Señor».

Zacarías estaba sorprendido. «Pero mi mujer y yo somos muy viejos —dijo—. ¿Cómo puedo creer que esto va a suceder?»

El ángel respondió: «Como no crees, no podrás hablar hasta que el niño nazca».

Cuando Zacarías salió del templo, no podía hablar. Cuando quería decir algo, tenía que escribir en una tablilla.

Al poco tiempo, Isabel se dio cuenta de que estaba esperando un hijo, tal como el ángel había prometido. ¡Estaba sorprendida y feliz!

Un mensaje para María
LUCAS 1: 26–55

Cuatro semanas después de hablar con Zacarías, Dios mandó al ángel Gabriel a Nazaret de Galilea.

Allí vivía una joven llamada María. Gabriel también tenía un mensaje para ella y le dijo: «No tengas miedo, Dios está complacido contigo y vas a tener un hijo. Le pondrás por nombre Jesús. Será grande y lo llamarán Hijo del Altísimo».

Región del imperio romano situada entre el mar Mediterráneo al oeste y el río Jordán y el lago de Galilea al este.

María no entendió esas palabras. «¿Cómo puede ser?», preguntó.

El ángel respondió: «El Espíritu Santo descenderá sobre ti y el poder de Dios te cubrirá con su sombra».

María puso su fe en Dios. «Yo soy la servidora del Señor —le dijo al ángel Gabriel—. Que se haga lo que has dicho».

María cantó un canto de alabanza a Dios.

«¡Le doy gracias a Dios
con todo mi corazón,
y Dios, mi Salvador, es causa de mi alegría.
porque Él es mi salvador!»

Un hijo para Isabel
LUCAS 1:57–80

Zacarías, el esposo de Isabel, no pudo hablar durante muchos meses, tal como el ángel había dicho.

Cuando nació el niño, los parientes de Isabel le dijeron que le pusiera el nombre de Zacarías, pero ella les dijo: «¡No, se llamará Juan!».

Los parientes no lo podían creer. No había nadie en su familia que se llamara Juan. Le preguntaron a Zacarías cómo debería llamarse el niño.

Zacarías tomó una tablilla y escribió: «Su nombre es Juan».

¡En ese mismo instante, Zacarías pudo hablar otra vez! Alabó a Dios. Entonces, todos se dieron cuenta de que Juan era especial. Sabían que el Señor estaba con él.

El nacimiento de Jesús
LUCAS 2:1–7; MATEO 1:18–25

Ya se acercaba el día en que María debía tener su hijo, pero el niño no nacería en Nazaret.

Israel era parte del imperio romano. El emperador de los romanos era **César Augusto** y quería que todo el mundo pagara impuestos a Roma; pero primero todos tenían que ir a su ciudad natal para que los contaran.

Emperador del imperio romano en el tiempo que nació Jesús.

José, el esposo de María, tenía que ir a Belén, un pueblo de Judea. Belén había sido la ciudad del rey David y **José descendía de la familia de David**.

Fue un viaje largo. Tres días después, José y María llegaron a la ciudad de David, pero no encontraron hospedaje. Finalmente, el dueño de una posada les permitió quedarse en su establo.

Uno de los antepasados de José era el rey David.

Y allí, en un establo de Belén nació Jesús. María lo acostó en un pesebre con paja.

Los pastores
LUCAS 2:8–20

Esa noche, unos pastores cuidaban sus ovejas cerca de Belén.

Un ángel del Señor se les apareció y la gloria del Señor los envolvió con su luz. Los pastores cayeron de rodillas y se taparon los ojos. Estaban muy asustados.

Pero el ángel les dijo: «¡No teman! Les traigo buenas noticias que serán motivo de alegría para todos. Esta noche, en la ciudad de David, ha nacido el Salvador, que es Cristo Señor. Lo reconocerán porque lo encontrarán acostado en un pesebre».

Personas que cuidaban rebaños de ovejas o cabras. Solían ir de un lugar a otro; vivían en tiendas de campaña y a veces en los pueblos.

De pronto, muchos ángeles del cielo bajaron y decían: «¡Gloria a Dios en el cielo! ¡Paz en la tierra a todos los que complacen a Dios!».

Los pastores fueron a Belén y encontraron a Jesús en un pesebre. Les contaron a María y a José lo que los ángeles les habían dicho de su hijo. María pensaba en eso y se preguntaba qué significaba.

Cuando los pastores regresaron con sus ovejas, no podían dejar de hablar del niño y de alabar a Dios.

Jesús es bendecido
LUCAS 2:22–38

Seis semanas después del nacimiento de Jesús en Belén, María y José lo llevaron a la ciudad de Jerusalén. Tenían que celebrar una ceremonia especial en el templo. Iban a prometer que criarían a Jesús para que sirviera a Dios.

En el templo, se les acercó un anciano llamado Simeón.

Dios le había prometido a Simeón que vería al Salvador antes de morir.

Ese día, el espíritu mandó a Simeón al templo. Cuando vio al niño Jesús, lo levantó en sus brazos y lo bendijo.

Luego, le dijo a María: «Este hijo tuyo será causa de que muchos caigan y de que en Israel muchos otros se levanten».

María y José quedaron sorprendidos al oír lo que Simeón dijo. No entendían qué quería decir todo eso.

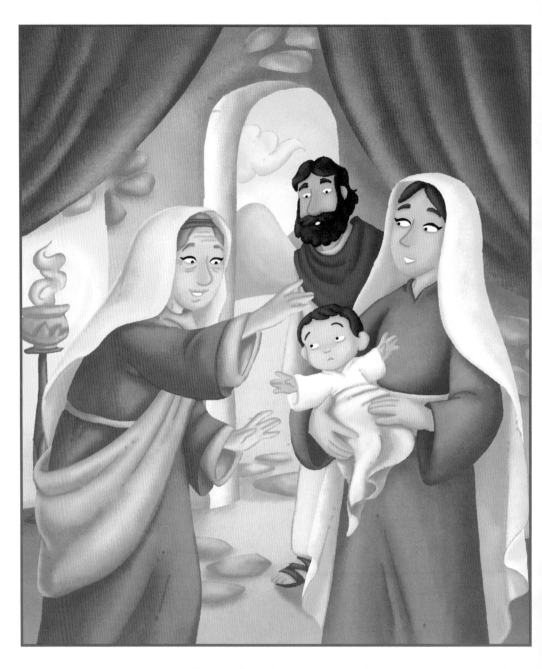

Una anciana llamada Ana también estaba en el templo. Ana oraba en el templo día y noche. Ella también vino a ver al niño y alabó a Dios por haberlo enviado. Les dijo a todos que el niño haría grandes cosas para la liberación de Jerusalén.

Los magos del Oriente
MATEO 2: 1–12

El emperador romano César Augusto había nombrado a Herodes rey de Israel. Herodes vivía cerca de la
ciudad de Jerusalén.

Cuando nació Jesús, unos magos del Oriente
vinieron a visitar a Herodes y le preguntaron: «¿Dónde
está el niño que ha nacido para ser rey de los judíos?
Hemos visto una estrella nueva en el Oriente. Eso significa que un gran líder ha venido al mundo. Hemos
venido a adorarlo».

A esos hombres sabios se les llamaba magos. Estudiaban
las estrellas y creían que una estrella nueva aparecía en
el cielo cuando iba a nacer un gran líder.

Herodes quedó sorprendido. ¿Sería ese niño el que el profeta Miqueas había anunciado? Miqueas había dicho que un gran líder nacería en Belén. Belén estaba a solo seis millas de Jerusalén.

Entonces, Herodes tuvo miedo de ese rey recién nacido, pero fingió estar contento y les dijo a los magos: «Vayan a Belén a buscar al niño. Cuando lo encuentren, avísenme para que yo también vaya a adorarlo».

Los magos partieron siguiendo la estrella que habían visto en el Oriente. La estrella se detuvo finalmente sobre una casa en Belén.

Profeta judío que vivió unos 700 años antes de Cristo. Predijo la llegada de un soberano y de una época de paz.

Los magos entraron en la casa y vieron al niño con María, su madre. Se arrodillaron y lo adoraron. Le entregaron los regalos que habían traído: **oro precioso**, **incienso** y **mirra**, especias de aroma dulce y fuerte.

Después, los sabios regresaron a su país por otro camino porque se les avisó en un sueño que no volvieran donde Herodes.

La resina del incienso se molía hasta convertirla en polvo y se quemaba como incienso o se usaba en pomadas. Una vez triturada, la resina de la mirra se usaba para hacer perfumes y ungüentos caros.

La huida a Egipto
MATEO 2:13-23

Cuando los magos se fueron, José tuvo un sueño. Un ángel del Señor se le apareció y le dijo: «Herodes está buscando a tu hijo para matarlo. ¡Levántate rápidamente y lleva al niño y a su madre a Egipto!».

José se levantó al instante. Esa misma noche salió con Jesús y María para Egipto.

Cuando Herodes se enteró de que los magos lo habían engañado, se puso furioso. Mandó a sus hombres a Belén para que mataran a todos los niños menores de dos años. Muchas familias perdieron a sus amados hijos por la crueldad y los celos del rey.

Para entonces, Jesús estaba a salvo en Egipto con sus padres. Se quedaron allí hasta que Herodes murió. Entonces, Dios le dijo a José que volviera a casa con su hijo y su esposa. Regresaron a la ciudad de **Nazaret** de Galilea.

Un pueblo de la provincia romana de Galilea. Jesús pasó allí los primeros años de su vida.

El niño Jesús en el templo
LUCAS 2:41–52

Jesús vivía con sus padres y sus hermanos en Nazaret.

Cuando tenía doce años, sus padres lo llevaron a Jerusalén para celebrar la Pascua. Los judíos celebraban la Pascua todos los años para recordar la época en que Moisés sacó a los israelitas de Egipto, donde eran esclavos.

Después de celebrar la Pascua en Jerusalén, María y José iniciaron el camino de regreso a casa. Pensaban que Jesús iba de regreso con otras personas, pero cuando lo buscaron al día siguiente, no lo encontraron en ninguna parte.

María y José regresaron a Jerusalén y buscaron a Jesús durante tres días. Finalmente lo encontraron.

Jesús estaba en el templo con los maestros de la Ley. Escuchaba lo que decían y les hacía preguntas. Los maestros estaban sorprendidos por lo mucho que el niño sabía.

Cuando vieron a Jesús, sus padres se acercaron corriendo. «¿Por qué nos has hecho esto? —le preguntó María—. Estábamos muy preocupados y te hemos buscado por todas partes».

Jesús respondió: «¿Por qué me han buscado? ¿Acaso no sabían que estaba en la casa de mi Padre?».

Jesús se refería a Dios, su Padre, pero sus padres no entendieron.

Jesús regresó con ellos a Nazaret. Era un joven sensato y fuerte. Dios estaba complacido con él.

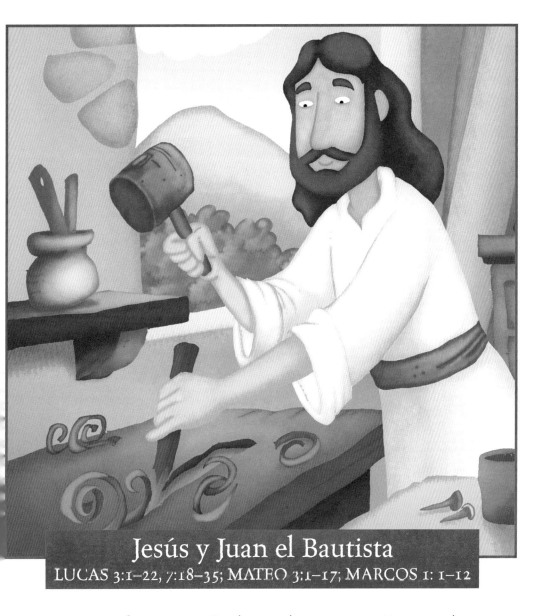

Jesús y Juan el Bautista
LUCAS 3:1–22, 7:18–35; MATEO 3:1–17; MARCOS 1: 1–12

Pasaron los años. Jesús tenía treinta años, vivía en Nazaret y trabajaba como **carpintero**, pero su vida estaba por cambiar. Iba a empezar el trabajo para el que había nacido.

Persona que trabaja construyendo y reparando casas, edificios, muebles y otros objetos de madera.

273

Juan, el hijo de Isabel y Zacarías, también tenía treinta años. El espíritu de Dios le había concedido un gran poder.

Juan vivía solo en el desierto. Vestía un manto de piel de camello con un cinturón de cuero. Se alimentaba de miel de abejas silvestres y de lo que encontraba, incluso de saltamontes.

Dios le dijo a Juan que fuera al valle del río Jordán y predicara a la gente.

El río Jordán, el más importante de Israel y Jordania, nace en Siria, en los manantiales del monte Hermón.

Juan les decía a todos: «Vuélvanse a Dios. Vengan al río conmigo para ser bautizados y sus pecados serán perdonados».

Mucha gente iba al río. Juan les decía a todos que no era suficiente que los bautizara, que tenían que hacer algo para demostrar que realmente habían renunciado a sus pecados. Los exhortaba a ser honestos, justos y buenos con los pobres.

«Si tienen dos vestidos —les decía—, den uno al que no tiene. Si tienen qué comer, compartan su comida con alguien».

Todos se preguntaban si Juan era el Salvador que esperaban. Juan les dijo que no. «Vendrá uno más poderoso que yo. Yo no soy digno ni siquiera de desatar el cordón de sus sandalias. Yo los bautizo con agua, pero él los bautizará con el Espíritu Santo».

Juan llevaba una persona tras otra al río. Las agarraba de las manos y las sumergía en el agua. Jesús llegó cuando Juan estaba bautizando de esa manera y le pidió que lo bautizara.

Juan creía que no podía hacerlo. «Tú tendrías que bautizarme a mí», le dijo. Pero Jesús le respondió que por ahora eso era lo que Dios quería que hicieran.

Entonces, Juan bautizó a Jesús en el río Jordán.

Después, Jesús oró y el cielo se abrió. El Espíritu Santo descendió sobre él en forma de paloma y se oyó una voz que decía: «Eres mi Hijo muy amado y estoy complacido contigo».

En Dios hay tres personas divinas que son el Padre, el Hijo y el Espíritu Santo. A esto se le llama Trinidad y la idea se basa en varios pasajes del Nuevo Testamento.

Los doce hombres escogidos por Jesús
MATEO 4:18–22, 10: 1–4; LUCAS 5:1–11, 6: 12–16; MARCOS 1:16–20, 3: 13–19

Dondequiera que iba, Jesús les decía a todos: «Regresen a Dios».

Un día, Jesús caminaba por la orilla del lago de Galilea cuando vio a dos hermanos. Uno era Pedro y el otro, Andrés. Estaban echando al mar una gran red de pescar.

Jesús les dijo: «Vengan conmigo. Yo los haré pescadores de hombres».

Los dos hermanos dejaron sus redes y se fueron con él.

Jesús siguió caminando hasta que encontró a Santiago y a Juan, los hijos de Zebedeo. Estaban en un bote con su padre, reparando sus redes. A ellos también les dijo Jesús que se fueran con él.

Los hermanos dejaron a su padre inmediatamente y se fueron con él.

Al poco tiempo, Jesús había elegido a ocho hombres más para que lo acompañaran y le hablaran a la gente acerca de Dios. Se llamaban Felipe, Bartolomé, Tomás, Mateo, Santiago (el hijo de Alfeo), Tadeo, Simón y Judas Iscariote.

Los doce hombres se convirtieron en sus **discípulos**. Jesús les enseñó todo lo que Dios quería que supieran.

Discípulo es una persona que aprende de un maestro.

Un milagro en Caná
JUAN 2: 1–12

En el pueblo de Caná de Galilea se celebraba una boda. María, la madre de Jesús, fue a la boda y también fue Jesús con sus discípulos.

Durante la fiesta María vio que ya no había vino y se lo dijo a Jesús.

Jesús vio seis jarrones grandes de piedra y les dijo a los sirvientes que los llenaran con agua hasta arriba.

Los sirvientes llenaron los jarrones en el pozo y regresaron a la fiesta. En cada jarrón cabían de veinte a treinta galones.

Entonces, Jesús dijo: «Saquen un poco de agua y llévensela al mayordomo». Uno de los sirvientes metió una taza en el agua y se la llevó al hombre.

El hombre bebió de la taza, pero no tenía sabor a agua. ¡Era vino!

No sabía de dónde había salido el vino, pero el sirviente sí lo sabía.

El hombre llamó al novio y le dijo: «Este vino es mejor que el que tomamos antes. ¡Has dejado el mejor para el final!».

Y así fue que en Caná, Jesús mostró su gloria y sus discípulos creyeron en él.

El apóstol Juan llama a esto la primera señal o milagro de Jesús.

Jesús sana a los enfermos
LUCAS 4:38–44

Jesús vivía en Cafarnaúm, cerca del lago de Galilea. Un día, fue a ver a su amigo Simón. La suegra de su amigo estaba enferma con una fiebre muy alta. Se sentía tan mal que no podía levantarse de la cama.

Jesús se acercó a la mujer y le ordenó a la fiebre que se fuera. La mujer se levantó de la cama al instante. Se sintió bien y se puso a atenderlos.

Ese mismo día, cuando el sol se puso, la gente le trajo
a Jesús toda clase de enfermos. Jesús ponía las manos
sobre cada enfermo y lo sanaba inmediatamente.

Al día siguiente, Jesús se preparó para partir del
lugar. Muchos vinieron a buscarlo y le pidieron que se
quedara, pero Jesús les dijo que tenía que irse. «La
gente de otros pueblos tiene que escuchar las buenas
noticias sobre el Reino de Dios —les dijo—. Para eso
hc venido a la tierra».

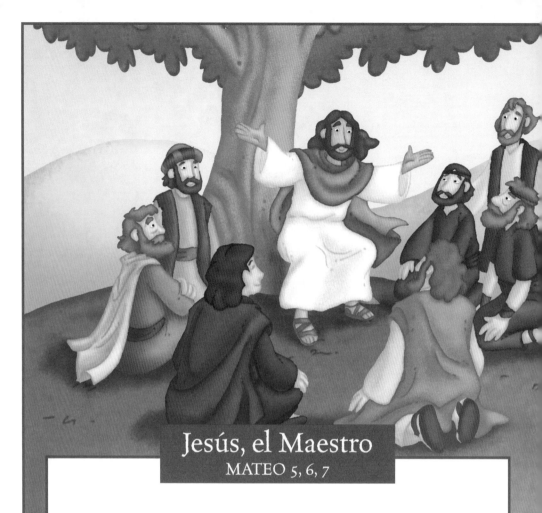

Jesús, el Maestro
MATEO 5, 6, 7

Cada vez más gente oía hablar de Jesús y venían a verlo y escucharlo de lugares cercanos y lejanos.

Un día, Jesús y sus discípulos subieron a un cerro. Hombres, mujeres y niños los siguieron. Jesús se sentó a un lado y la gente se sentó a sus pies. Tenía mucho que enseñarles.

En la época de Jesús, los maestros se sentaban cuando querían enseñar y la gente se sentaba en un semicírculo frente al maestro.

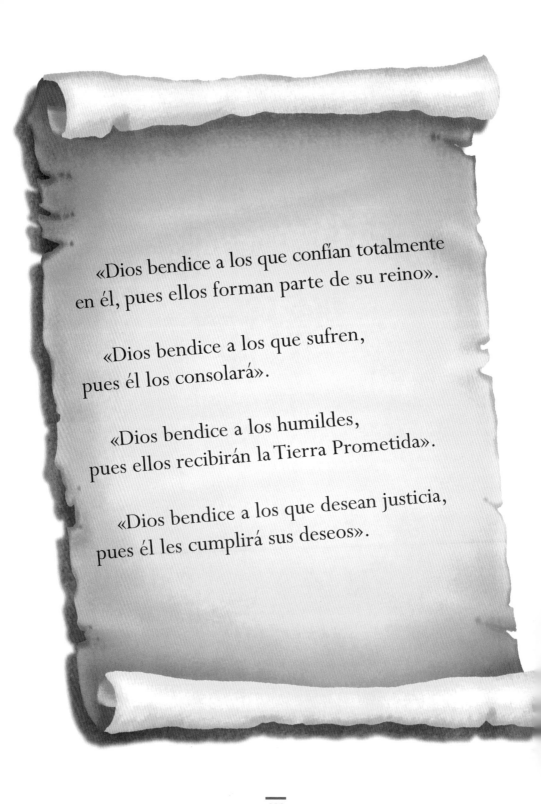

«Dios bendice a los que confían totalmente en él, pues ellos forman parte de su reino».

«Dios bendice a los que sufren, pues él los consolará».

«Dios bendice a los humildes, pues ellos recibirán la Tierra Prometida».

«Dios bendice a los que desean justicia, pues él les cumplirá sus deseos».

«Dios bendice a los que son compasivos, pues él será compasivo con ellos».

«Dios bendice a los que tienen un corazón puro, pues ellos verán a Dios».

«Dios bendice a los que trabajan para que halla paz en el mundo, pues ellos serán llamados hijos de Dios».

«Dios bendice a los que son maltratados por practicar la justicia, pues ellos forman parte de su reino».

Estas palabras se conocen como «Las Bienaventuranzas» dichas en el Sermón de la Montaña.

Algunas enseñanzas de Jesús:

«Trata a otros como quisieras que te traten. Eso es lo que dice la Ley y los Profetas».

«Cuando hagas una buena acción, no hagas alarde. Cuando des limosna a los pobres, no avises a todo el mundo. Debes dar limosna en secreto. Tu Padre sabe lo que haces en secreto y te recompensará».

«Pide y recibirás. Busca y hallarás. Llama y se te abrirá la puerta. Todo el que pide, recibe. Todo el que busca, halla. Y la puerta se abrirá para todo el que llame».

Esto se refiere a las escrituras hebreas
(Antiguo Testamento).

«¡Cuídense de los falsos profetas! Ellos se disfrazan de ovejas, pero por dentro son lobos que vienen a atacarlos. Ustedes los conocerán por sus acciones».

«Ustedes son la luz del mundo. Nadie enciende una lámpara para esconderla debajo de un tiesto. Se coloca una lámpara donde pueda alumbrar a todos en la casa. Que la luz de ustedes brille para que otros puedan ver el bien que hacen y alaben a su Padre que está en el cielo».

La oración del Señor
MATEO 6:5–13

Cuando oren, entren en su habitación, cierren la puerta y oren en privado. No digan oraciones largas. Su Padre sabe lo que necesitan antes de que ustedes lo pidan.

Cuando oren, digan lo siguiente:

Padre Nuestro que estás en el cielo, ayúdanos a honrar tu nombre. Ven y establece tu reino para que todos te obedezcan en la tierra, así como te obedecen en el cielo. Danos hoy nuestro pan de cada día. Perdona nuestras ofensas, así como nosotros perdonamos a los que nos ofenden. Líbranos de la tentación y protégenos de todo mal.

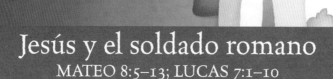

Jesús y el soldado romano
MATEO 8:5–13; LUCAS 7:1–10

En la época de Jesús, los pueblos de Galilea y de las demás regiones de Israel formaban parte del enorme imperio romano. El emperador romano tenía soldados en todos los pueblos y aldeas.

Un día, cuando Jesús estaba en el pueblo de Cafarnaúm, rodeado como siempre de mucha gente, un oficial del ejército romano se le acercó. El soldado le dijo: «Señor, mi sirviente está en casa con muchos dolores. Está muy enfermo. Temo que se muera».

«Iré a sanarlo», dijo Jesús.

Pero el oficial le dijo: «No soy digno de que entres en mi casa».

El imperio romano se extendía desde el Medio Oriente hasta España y abarcaba la mayor parte del norte de África y gran parte de Europa.

«Soy un oficial. Mis soldados obedecen mis órdenes. Si les digo: vayan, mis soldados van. Si les digo: vengan, vienen; hagan esto, y lo hacen. Sé que solo tienes que decir una palabra y mi sirviente sanará».

Jesús se maravilló al oír las palabras del oficial. Se dirigió a la gente que lo seguía y dijo: «En todo Israel, no he encontrado a nadie con tanta fe».

Luego le dijo al oficial: «Vete a casa. Tu fe ha hecho que se cumpla tu deseo».

Cuando el oficial regresó a su casa, encontró sano a su sirviente. Sucedió tal y como Jesús había dicho.

Una tormenta
LUCAS 8: 22–25; MATEO 8: 23–27; MARCOS 4: 35–41

Un día, Jesús y sus discípulos subieron a una barca para cruzar el lago de Galilea.

El lago era muy grande. Cuando llegaron al centro, el cielo se nubló y el viento comenzó a soplar. Las olas del lago entraban en la barca.

Jesús dormía en la parte de atrás de la barca con la cabeza sobre una almohada. Sus discípulos lo despertaron. «Maestro, Maestro —le dijeron—, ¡estamos a punto de hundirnos!»

Jesús se levantó, ordenó al viento y a las olas que se calmaran y todo quedó tranquilo.

Jesús les preguntó a sus discípulos: «¿Por qué tienen miedo? ¿Acaso no tienen fe?».

Los hombres de la barca estaban asombrados. «¿Quién es este? —se preguntaban—. ¡Hasta el viento y las olas le obedecen!»

Jesús sana a un inválido
MARCOS 2: 1–12; LUCAS 5: 17–26; MATEO 9: 1–8

La gente seguía a Jesús a todos los lugares adonde iba.

Una vez, cuando Jesús le predicaba a una multitud en una casa de Cafarnaúm, cuatro hombres trajeron a un hombre en una camilla. Las piernas del hombre estaban torcidas y no podía caminar. Sus amigos habían oído decir que Jesús tenía el poder de curar a los enfermos y lo trajeron para que lo sanara.

Pero como había mucha gente alrededor de la puerta, no pudieron entrar.

En ese tiempo, la mayoría de las casas tenían unas escaleras por fuera que conducían al tejado. Los hombres subieron a su amigo por las escaleras, quitaron unas tejas e hicieron un gran agujero para bajar la camilla hasta el cuarto donde estaba Jesús.

Jesús sabía que los amigos tenían mucha fe. Le dijo al inválido: «Amigo, tus pecados te son perdonados».

Esto molestó a algunas personas de la multitud. Pensaron que Jesús se creía Dios porque solo Dios podía perdonar los pecados.

Jesús sabía lo que pensaban y les dijo: «¿Qué es más fácil para mí, decirle a este inválido que sus pecados le son perdonados o decirle que se levante y camine? Les demostraré que tengo poder para perdonar los pecados aquí en la tierra».

Entonces, Jesús miró al hombre y le dijo: «¡Levántate! Recoge tu camilla y vete a casa».

El hombre se levantó, recogió su camilla y se fue.

Todos estaban admirados. Alabaron a Dios y dijeron: «Hoy hemos visto un gran milagro».

Dos milagros en un día
MARCOS 5: 21–43; LUCAS 8: 40–56; Mateo 9: 18–26

Jesús acababa de bajar de una barca y estaba en la playa. La gente corrió al lago de Galilea.

Un hombre llamado Jairo se abrió paso a través de la multitud y cayó de rodillas delante de Jesús.

«¡Ayúdame! —le imploró—. ¡Mi hija se está muriendo! Por favor, ven a mi casa y tócala para que se sane y viva».

Jesús se fue con Jairo. La gente se aglomeró alrededor de ellos. Una mujer que había gastado todo su dinero en médicos sin que nadie hubiera podido curarla, estaba justo detrás de Jesús, extendió la mano y le tocó levemente la ropa. Pensaba que se curaría con solo tocar el borde de la ropa de Jesús.

Jesús sintió que le tocaban la ropa. Se dio la vuelta y vio a la mujer.

Jesús le dijo: «Tu fe te ha curado. Que la paz de Dios sea contigo».

Jesús entró en la casa donde estaba la hija de Jairo. Todos lloraban. Le dijeron que la niña había muerto.

Jesús les dijo: «No está muerta, solo está dormida. —Se acercó a la cama de la niña, la tomó de la mano y le dijo—: ¡Niña, levántate!».

La niña se levantó en ese instante y empezó a caminar. Todos estaban admirados.

Luego, Jesús les dijo: «Denle algo de comer».

La niña comió y todos se dieron cuenta de que no era un fantasma. Realmente estaba viva.

Cuando alguien comía, era señal de que estaba vivo, ya que los fantasmas no necesitan comida para vivir.

Mujeres que ayudaban
LUCAS 8: 1–3

Después de predicar en los pueblos cercanos al lago de Galilea, Jesús y sus discípulos empezaron a ir a lugares más lejanos. Fueron a los pueblos de toda Galilea anunciando las buenas noticias sobre el Reino de Dios.

No tenían gran cosa y nunca pedían dinero, pero la gente les daba dinero y los ayudaba porque creían en Jesús.

Algunas de las personas que ayudaban eran mujeres a quienes Jesús había curado de toda clase de enfermedades terribles y viajaban con él de pueblo en pueblo.

En ese tiempo los maestros viajaban de pueblo en pueblo y tomaban regalos de las personas a las que enseñaban.

Tres de estas mujeres eran Juana, Susana y María Magdalena. Jesús había cambiado sus vidas y ahora lo ayudaban en lo que podían.

Pero lo mejor de todo era su fe en Jesús. Las mujeres ayudaban para mostrar a la gente la bondad y la grandeza de la promesa del Reino de Dios.

Una historia muy importante
MATEO 13: 1–9, 18–23; MARCOS 4: 1–9, 13–20;
LUCAS 8: 4–8, 11–15

Jesús enseñaba a sus seguidores a través de historias.

Un día Jesús estaba en el lago de Galilea y la gente vino para oírlo hablar. Había tantas personas en la orilla que no había espacio para Jesús y tuvo que subirse a una barca. Se sentó en la barca y le contó a la gente esta historia:

«Un sembrador salió a sembrar y, mientras caminaba por el campo, dejó caer algunas semillas en el camino. Algunas semillas las pisotearon y se las comieron los pájaros.

»Otras semillas cayeron en terreno rocoso donde no había mucha tierra. Otras semillas empezaron a crecer, pero como no había suficiente agua, las plantas se secaron.

»Algunas semillas cayeron entre espinos y crecieron, pero los espinos eran tan espesos que no había espacio para que crecieran plantas nuevas.

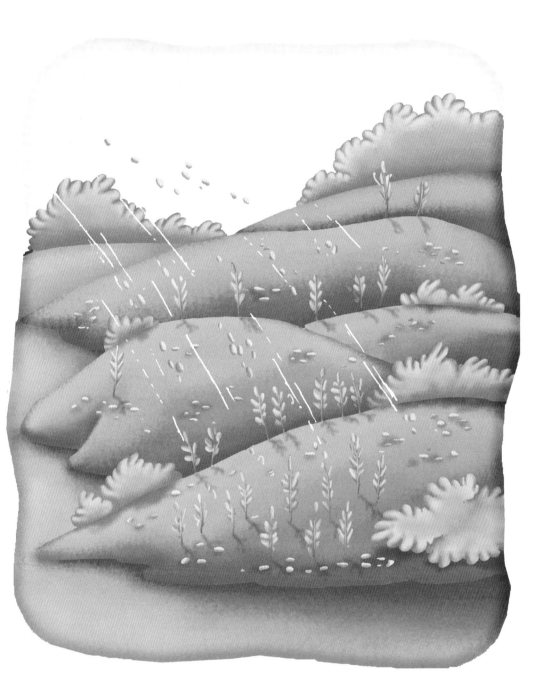

»El resto de las semillas cayó en terreno fértil. De estas semillas crecieron plantas que dieron más semillas. Produjeron cien veces más semillas que las que había plantado el hombre».

Entonces Jesús dijo: «Esto es lo que significa esta historia: el sembrador realmente está plantando el mensaje acerca del Reino de Dios. Las semillas que cayeron al borde del camino son las personas que oyen el mensaje, pero el diablo viene y les quita el mensaje para que no crean y no se salven.

»Las semillas que cayeron en el terreno rocoso son las personas que oyen el mensaje y lo aceptan enseguida. Pero al no tener raíces profundas solo crecen por poco tiempo. Tan pronto como la vida se hace difícil, dejan de creer.

»Las semillas que cayeron entre los espinos son las personas que también escucharon el mensaje, pero empezaron a preocuparse por las cosas que necesitaban en la vida y por las riquezas. Por eso, el mensaje no pudo penetrar.

»Las semillas que cayeron en terreno fértil son las personas que escuchan el mensaje y lo guardan en sus corazones buenos y honestos. Estas semillas crecen y producen plantas suficientes para una buena cosecha».

El Reino de los Cielos
MATEO 13: 44–50

Cuando la gente se fue, Jesús se quedó en la barca y les contó a sus doce discípulos algunas historias sobre el Reino de los Cielos.

Él les dijo: «El Reino de los Cielos es como un tesoro que alguien encuentra oculto en el campo y vuelve a enterrarlo. Esa persona se alegra, va y vende todo lo que tiene para comprar el terreno.

»El Reino de los Cielos es como lo que ocurre cuando un comerciante busca perlas finas. Cuando encuentra una muy valiosa, vende todo para comprar esa perla».

Los discípulos le dijeron a Jesús: «Cuéntanos más».

Él les dijo: «El Reino de los Cielos es como una red de pescar que se tira al lago y recoge toda clase de peces. Cuando la red está llena, los pescadores la arrastran a la orilla y se sientan a ver qué clase de peces han pescado. Se quedan con los buenos y tiran los malos.

»Así será al fin de los tiempos. Los ángeles vendrán y separarán la gente mala de los que han obrado bien».

La mujer junto al pozo
JUAN 4: 3–41

Cuando Jesús y sus discípulos iban de Judea a Galilea, pasaron por una región llamada Samaria. La gente que vivía allí descendía de la familia de Jacob, al igual que los judíos, pero los samaritanos y los judíos no se llevaban bien.

Jacob fue uno de los antepasados más importantes de los israelitas.

Al mediodía, los discípulos fueron al pueblo a comprar comida. Jesús se sentó a esperarlos en un lugar llamado el **Pozo de Jacob**.

Mientas esperaba, llegó una mujer que quería sacar agua del pozo. Jesús le pidió que le diera agua de beber.

Ese pozo todavía se puede ver cerca de las ruinas de la antigua Siquem.

La mujer se sorprendió. «Tú eres judío —le dijo a Jesús—. Yo soy samaritana. Los judíos nunca aceptan nada de los samaritanos».

«Tú no sabes quién soy —le dijo Jesús a la mujer—. Si supieras, me pedirías a mí el agua que da vida».

«Señor —dijo la mujer—, ni siquiera tienes con qué sacar agua. ¿De dónde vas a conseguir esa agua que da vida?»

> Agua que da vida: Jesús habla de la fe o la confianza en el Dios que da la vida eterna.

Jesús le dijo: «El que bebe el agua de este pozo volverá a tener sed, pero el que beba el agua que yo doy, no volverá a tener sed jamás. Es como un manantial que da vida eterna».

La mujer regresó corriendo al pueblo y le contó a la gente acerca de Jesús. Les dijo que él era el Mesías, el Salvador que ellos llamaban el Cristo. Algunos de los samaritanos fueron al pozo y le pidieron a Jesús que se quedara en su pueblo.

Jesús se quedó dos días y muchos samaritanos creyeron en Jesús, como creyó la mujer. También creyeron que él era el Salvador del mundo.

En hebreo, «Mesías» significa «el ungido» y generalmente se traduce en español como «el escogido».

Una misión especial para los discípulos
LUCAS 9: 1-6; MATEO 10: 1-15; MARCOS 6: 7-12

Jesús llamó a sus doce discípulos y les dio el poder de curar. Les dijo que fueran a predicar acerca del Reino de Dios y que curaran a los enfermos. Serían mensajeros especiales llamados **apóstoles**.

Jesús les dijo: «No lleven nada consigo, ni bolsa, ni comida, ni dinero, ni siquiera ropa para cambiarse».

Un apóstol es una persona enviada para enseñar a otros.

«Si los reciben en una casa, quédense allí hasta que salgan de ese pueblo. Si la gente no los recibe, salgan de ese pueblo. Al salir, sacudan el polvo de sus sandalias para advertirles que Dios no está contento con ellos».

Los apóstoles partieron y fueron de pueblo en pueblo, hablando a la gente de las buenas noticias y sanando a los enfermos en todas partes.

Pan y pescado para todos
MATEO 14: 13–21; MARCOS 6: 30–44;
LUCAS 9: 10–17; JUAN 6: 1–14

Cuando los doce apóstoles regresaron a Galilea, le contaron a Jesús todo lo que habían hecho y enseñado. Había tanta gente a su alrededor que Jesús les dijo a sus amigos: «Vayamos a otro lugar para estar solos y descansar».

Partieron en una barca a un lugar tranquilo que conocían, pero mucha gente supo a donde iban y los siguieron. Cuando Jesús llegó, encontró una gran multitud. Había miles de hombres, mujeres y niños.

Jesús tuvo compasión de la gente porque eran como ovejas sin pastor. Empezó a enseñar muchas cosas y a curar a los enfermos.

La gente se quedó allí todo el día. Los discípulos le dijeron a Jesús: «La gente tiene hambre. Déjalos ir para que vayan a los pueblos cercanos a comprar algo de comer».

Jesús respondió: «No tienen que irse. Ustedes les pueden dar algo de comer».

Los discípulos miraron a su alrededor para ver qué había de comer. Andrés regresó con un canasto pequeño. «Un niño me dio estos cinco panes pequeños y dos peces, ¿pero de qué nos sirve con toda esta gente?»

Jesús mandó a todos a sentarse en la hierba. Tomó los cinco panes y los dos pescados. Levantó los ojos al cielo y dio gracias por la comida. Luego, partió el pan y los pescados en pedazos y se los dio a sus discípulos. Los discípulos a su vez los pasaron a la gente.

¡Hubo suficiente comida para todos! Y después de que todos comieron hasta saciarse, sobró bastante para llenar doce canastas grandes.

Jesús había alimentado a cinco mil hombres y a miles de mujeres y niños con solo cinco panes y dos pescados.

Jesús camina sobre las aguas
MATEO 14: 22–33; MARCOS 6: 45–52; JUAN 6: 16–21

Miles de personas que habían venido a escuchar a Jesús vieron el milagro. Todos habían comido con solo cinco panes y dos pescados.

Después, Jesús les dijo a sus discípulos que se fueran. Sus discípulos subieron a una barca y empezaron a cruzar el lago.

Jesús despachó a la multitud y subió a un cerro para estar solo y orar.

Pasaron varias horas y Jesús seguía en el cerro.

Para entonces, la barca con los discípulos estaba lejos
de la orilla. Soplaba un viento fuerte y las olas sacudían
la barca de un lado a otro. Los discípulos tuvieron que
remar contra el viento toda la noche.

De madrugada, los discípulos vieron la figura de un hombre. ¡Parecía que caminaba sobre las aguas y se acercaba a la barca!

Los hombres se aterraron y empezaron a gritar. Pensaron que era un fantasma. Pero el hombre les habló: «¡No teman! Soy Jesús. No tengan miedo».

Jesús llegó y se subió en la barca. En ese mismo instante, el viento se calmó.

Entonces, los discípulos adoraron a Jesús. Le dijeron: «Tú eres realmente el Hijo de Dios».

La gloria de Jesús
LUCAS 9: 28–36; MATEO 17: 1–9; MARCOS 9: 2–10

Jesús sabía que Dios tenía un plan especial para él. Pronto su vida en la tierra acabaría.

Él les dijo a sus discípulos que los iba a dejar y que ellos tenían que continuar su obra. Pero los discípulos no entendían y se preguntaban por qué les decía estas cosas.

Una semana después, Jesús subió a un cerro a orar y se llevó con él a Pedro, Juan y Santiago.

Al poco rato de estar allí, los discípulos se durmieron. Jesús siguió orando y mientras oraba, su rostro
se transformó. Brillaba como el sol. Su ropa se volvió de
un blanco brillante.

De pronto, Moisés y el profeta Elías aparecieron y hablaron con Jesús de lo que sucedería después de su muerte.

Pedro y los otros dos discípulos despertaron, vieron la gloria de Jesús y vieron a Moisés y a Elías.

Entonces, la sombra de una nube los cubrió y una voz habló desde la nube: «Este es mi Hijo amado, el Elegido. ¡Escúchenlo!».

Pedro, Juan y Santiago se asustaron tanto cuando oyeron la voz que cayeron al suelo. Pero Jesús vino, los tocó y les dijo: «Levántense y no teman».

Cuando abrieron los ojos, solo vieron a Jesús. Tenía el mismo aspecto de antes.

Entonces, empezaron a bajar del cerro. Jesús les dijo que no dijeran ni una palabra de lo ocurrido. Ellos no dijeron nada hasta después de que murió y resucitó de entre los muertos.

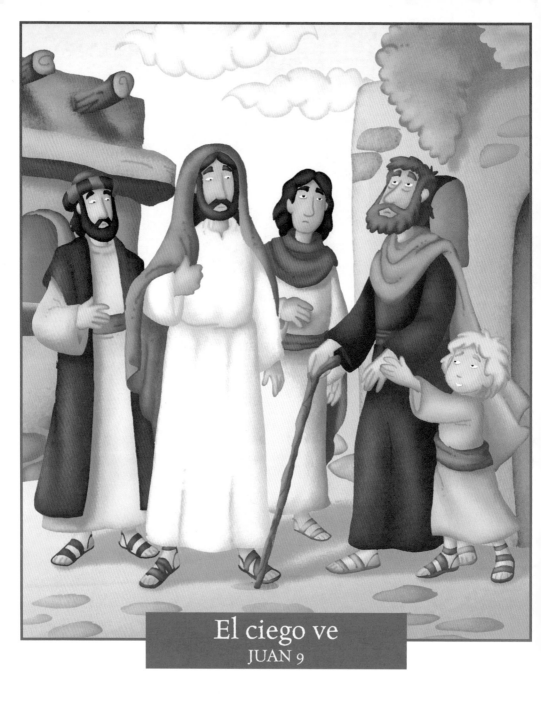

El ciego ve
JUAN 9

Un día, Jesús y sus discípulos iban por un camino de Jerusalén cuando vieron a un ciego de nacimiento. El ciego nunca había visto el sol, ni la luna, ni las estrellas.

Los discípulos le preguntaron a Jesús: «¿Por qué nació ciego este hombre? ¿Acaso él o sus padres hicieron algo malo y Dios los castigó?».

Jesús dijo: «No, no hicieron nada malo, pero como es ciego, ustedes verán cómo Dios hace un milagro en él. Mientras estoy en el mundo, yo soy la luz del mundo».

Entonces, Jesús escupió en el suelo. Hizo una pequeña bola de barro y untó con ella los ojos del ciego. Luego le dijo al hombre que se lavara el barro en el Estanque de Siloé.

Se creía que las aguas de ese depósito de agua en Jerusalén tenían poderes curativos especiales.

El hombre fue al estanque y se lavó el barro de sus ojos. Cuando los abrió, ¡podía ver!

La gente le preguntó qué había pasado. Él les dijo que un hombre llamado Jesús se le había acercado y le había dicho lo que debía hacer.

«¿Dónde está ese hombre ahora?», le preguntaron.

«No sé —contestó—. Pero debe de ser un profeta como Elías o Eliseo. No podría hacer esto si no viniera de parte de Dios».

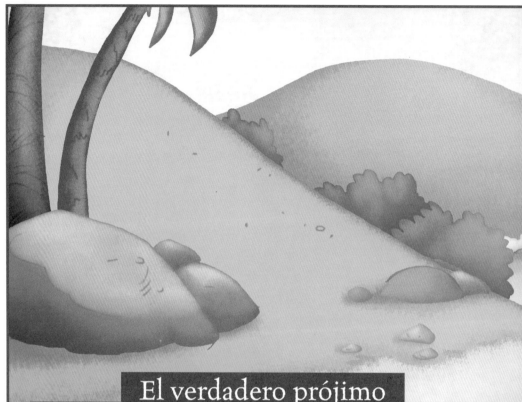

El verdadero prójimo
LUCAS 10: 25-37

«Ama a tu prójimo como a ti mismo». Esa era una de las leyes de Dios que todos conocían.

Un día, un maestro en el templo quiso poner a prueba a Jesús y le preguntó:

«¿Quién es mi prójimo?».

Jesús le contestó con esta historia:

Un hombre iba por el camino de Jerusalén a Jericó. Unos bandidos lo asaltaron, le pegaron, le quitaron todo lo que tenía y escaparon.

Esta ley también se conoce como la Regla de Oro.

Al poco rato, un sacerdote del templo pasó por el mismo camino. Vio al hombre herido, tirado en el suelo, pero no acudió a ayudarlo. En lugar de ello, cruzó al otro lado y siguió su camino.

Después, vino un ayudante del templo. También cruzó el camino y pasó de largo.

Luego, pasó por ahí un hombre de Samaria, montado en un burro.

El samaritano se detuvo y se acercó al hombre herido. Le vendó las heridas, lo levantó, lo puso en su burro y lo llevó a una hostería.

Cuidó al hombre toda la noche.

Al día siguiente, el buen samaritano le dio dos monedas de plata al dueño de la hostería y le dijo: «Por favor, cuida a este hombre. Si gastas más de lo que te he dado, te pagaré a mi regreso».

«Un buen samaritano» es una persona que ayuda a otros.

Cuando terminó la historia, Jesús preguntó: «¿Cuál de los tres hombres era el verdadero prójimo del hombre que los ladrones habían asaltado?».

El maestro de la Ley dijo: «El que se detuvo y tuvo compasión».

Jesús le dijo: «¡Vete y haz lo mismo!».

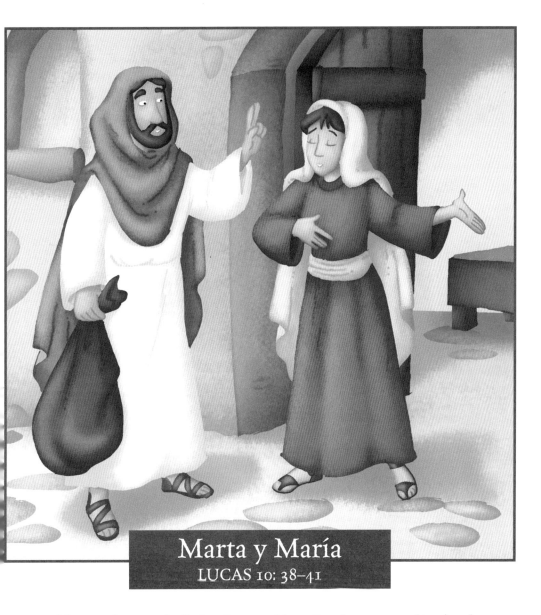

Marta y María
LUCAS 10: 38–41

Al ir a la ciudad de Jerusalén, Jesús y sus discípulos se detuvieron en el pueblo de Betania. Una amiga llamada Marta los invitó a su casa.

Marta fue a traer algo de comer y de beber.

> Pueblo pequeño a unas dos millas al este de Jerusalén, en las laderas del Monte de los Olivos.

Mientras tanto, su hermana María se sentó frente a Jesús y él empezó a hablarle de Dios y del Reino de los Cielos. María escuchaba cada palabra que Jesús decía.

Marta corría de un lado al otro, preparando la comida. Había muchos invitados. Finalmente, se acercó a
Jesús y le dijo: «Señor, ¿te parece bien que mi hermana
deje que yo haga sola todo el trabajo? Dile que venga a
ayudarme».

Jesús respondió: «¡Marta, Marta! Te preocupas y te inquietas por muchas cosas, pero solo una es realmente importante. María ha elegido la mejor y nadie se la quitará».

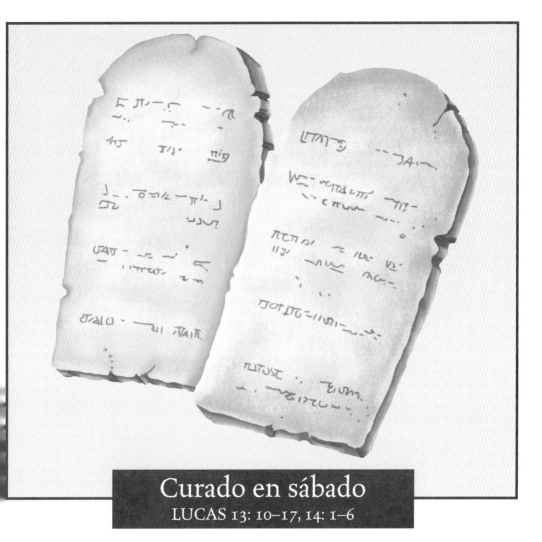

Curado en sábado
LUCAS 13: 10–17, 14: 1–6

En la época de Jesús, la mayoría de los judíos obedecía los Diez Mandamientos, las leyes más importantes
que Dios le dio a Moisés. Uno de los mandamientos
dice que no se debe trabajar el sábado, el día destina-
do a Dios.

En las épocas bíblicas, el séptimo día de la semana se obser-
vaba como día de descanso y adoración a Dios. El sábado era
un día santo de alegría. La gente dejaba de trabajar, iba al
templo y ofrecía sacrificios a Dios.

Un sábado, Jesús enseñaba en una **sinagoga** cuando vio a una mujer con la espalda encorvada. Caminaba doblada hacia adelante y no podía enderezarse. Había estado así durante dieciocho años.

La sinagoga es el lugar donde los judíos se reúnen para adorar a Dios.

Jesús la llamó y le dijo: «Estás curada». Puso sus manos sobre ella y en ese mismo instante, la mujer se enderezó y alabó a Dios.

El jefe de la sinagoga, que estaba con ellos, se enojó
y le dijo a la gente: «En la semana hay seis días para trabajar. Vengan y serán curados en uno de esos días, pero
no en sábado».

Jesús respondió: «¿Acaso no desatas a tu buey o a tu burro para llevarlo a beber agua el sábado? Esta mujer ha estado presa de dolor durante dieciocho años. ¿No está bien liberarla el sábado?».

En otro sábado, Jesús curó a un hombre que tenía las piernas tan hinchadas que apenas podía caminar. El jefe del templo lo reprendió nuevamente. Jesús le dijo: «Si tu hijo se cae en un pozo, ¿no lo sacarías inmediatamente, aunque sea en sábado?».

Las palabras de Jesús avergonzaban a sus enemigos, pero todos los demás estaban felices por los milagros que hacía.

La oveja perdida
LUCAS 15: 1–7, 11–32; MATEO 18: 10–11

Toda clase de gente venía a escuchar a Jesús y él los recibía a todos, aunque fueran pecadores que no obedecían las leyes de Dios.

Algunos sacerdotes en el templo pensaban que no estaba bien que Jesús fuera amigo de esas personas. ¡Eran malas personas y debían ser rechazadas!

Entonces, Jesús les contó esta historia:

Si ustedes tienen cien ovejas y una de ellas se pierde, ¿qué hacen? ¿Acaso no dejan a las noventa y nueve en el campo y van a buscar a la oveja perdida?

Y cuando la encuentran, se alegran mucho y la llevan a su casa. Llaman a sus amigos y les dicen: "¡Celebremos¡ ¡He encontrado la oveja que perdí!".

Jesús dijo: «De la misma manera. Hay más felicidad en el cielo por un pecador que se arrepiente que por noventa y nueve personas buenas que no necesitan hacerlo».

Los dos hijos
LUCAS 15: 11–32

Jesús también les contó otra historia:

Había un hombre que tenía dos hijos. El mayor vivía en casa y trabajaba mucho en el campo.

El menor no estaba contento en la casa. Cuando tuvo suficiente edad, tomó la parte del dinero que le correspondía y se fue de la casa.

El joven se fue a otro país y gastó todo su dinero. No le importaba gastar dinero, ¡solo le importaba divertirse! En pocos años, se le acabó el dinero y la diversión se terminó. Después de un tiempo, no tenía qué comer.

Fue a trabajar para un hombre que lo puso a cuidar sus cerdos. El joven, incluso, se habría comido la comida de los cerdos, pero nadie le daba nada.

Por último, solo le quedaba una cosa por hacer: regresar a casa.

Su padre estaba trabajando en el campo. Levantó la vista y vio a su hijo harapiento y sucio. Corrió hacia él, lo abrazó y lo besó.

El hijo le contó a su padre que había llevado una mala vida y que se arrepentía de todo. Le dijo a su padre: «No merezco que me llames hijo».

Pero su padre estaba feliz de que hubiera regresado después de tantos años. Le dio sandalias, ropa nueva e incluso un anillo para el dedo. Además, preparó todo para celebrar su regreso con una gran fiesta.

El hijo mayor se enojó al saber esto. Había trabajado duro para su padre todos los años que su hermano estuvo ausente, pero su padre nunca había hecho nada especial para él.

El padre le dijo: «Hijo mío, todo lo que tengo es tuyo ¡pero ahora debemos alegrarnos y celebrar! Tu hermano estaba muerto, pero ahora vive. Estaba perdido, pero ha sido encontrado».

Diez hombres son curados
LUCAS 17: 11–19

«¡Jesús, Maestro, ten compasión de nosotros!»

Iba a entrar en un pueblo cuando escuchó gritos de ayuda. Jesús levantó la vista.

Vio a diez hombres de pie, un poco apartados. Todos ellos tenían una enfermedad terrible llamada **lepra**.

Una enfermedad que ataca la piel y los nervios si no se trata. La lesión de los nervios ocasiona la pérdida del sentido del tacto, parálisis y deformidades.

La vida de las personas que tenían esa enfermedad
era muy difícil. No les permitían vivir con su familia ni
cerca de otra gente. Nadie los tocaba porque tenían
miedo de contagiarse.

Si, por alguna casualidad, esos enfermos mejoraban, tenían que ir a un templo para mostrarles a los sacerdotes que estaban curados y que podían volver a vivir con su familia.

Cuando Jesús vio a los diez hombres, les dijo: «Vayan para que los sacerdotes los vean».

Cuando iban donde los sacerdotes, los hombres vieron que ¡las heridas de la piel habían desaparecido! Uno de ellos regresó donde Jesús gritando alabanzas a Dios. Se arrodilló a los pies de Jesús y le agradeció. Ese hombre era de Samaria.

Jesús dijo: «Eran diez los hombres que quedaron curados. ¿Dónde están los otros nueve? Este hombre extranjero regresó para agradecer a Dios. ¿Por qué es el único?».

Entonces, Jesús le dijo al hombre que se levantara. «Puedes irte —le dijo—. Tu fe te ha salvado».

Jesús bendice a los niños
MATEO 19: 13–15; MARCOS 10: 13–16; LUCAS 18: 15–17

Jesús y sus discípulos se detuvieron en muchos pueblos de Judea. Al igual que en Galilea, mucha gente vino a ver y escuchar a Jesús.

En uno de los pueblos, la gente trajo a sus hijos para que Jesús les impusiera las manos y los bendijera.

Pero los discípulos le dijeron a la gente que se fuera y que no molestara al Maestro.

Judea era un país llamado así en épocas antiguas porque la tribu de Judá se estableció allí. Sus habitantes se llamaban «judíos». La palabra «judío» viene de ese nombre.

Jesús los oyó y les dijo: «¡Dejen que los niños se acerquen a mí! No se lo impidan porque el Reino de Dios es de los que son como ellos.

»Les aseguro que no entrarán en el Reino de Dios, a menos que lo acepten como lo hace un niño».

Luego, Jesús abrazó a los niños y los bendijo poniendo las manos sobre sus cabezas.

Un milagro en Jericó
MARCOS 10: 46–52; LUCAS 18: 35–43; MATEO 20: 29–34

Un ciego estaba sentado junto al camino de Jericó, pidiendo limosna.

De pronto, el mendigo escuchó voces. Se dio cuenta de que venía una gran multitud y todos parecían muy contentos.

Cuando las voces se acercaron, el hombre preguntó: «Díganme, ¿qué pasa?».

Alguien le dijo que Jesús de Nazaret pasaba por ahí.

El ciego gritó: «¡Jesús, hijo de David, ten compasión de mí!».

«¡Cállate!», le decía la gente.

Pero el hombre seguía gritando más fuerte: «¡Jesús, ten compasión de mí!».

Jesús se detuvo y pidió que le trajeran al ciego. El ciego se llamaba Bartimeo.

Jesús le preguntó: «¿Qué quieres que haga por ti?».

«Señor, quiero ver», contestó Bartimeo.

Jesús le dijo: «¡Mira y verás! Tus ojos están curados, gracias a tu fe».

¡Entonces, Bartimeo pudo ver! Vio a Jesús y a toda la gente que lo rodeaba.

Todos alabaron a Dios por ese milagro. Desde ese momento, Bartimeo solo quería hacer una cosa: ir con la gente detrás de Jesús, y así lo hizo.

Un pecador es perdonado por Jesús
LUCAS 19: 1–10

Jesús caminaba por la ciudad de Jericó rodeado de mucha gente.

Un hombre llamado Zaqueo vio venir a la multitud. Era un hombre rico, pero no era honesto. Cobraba **impuestos** en Jericó. Le exigía a la gente pobre más dinero del que debía pagar y se guardaba el dinero extra.

> Los impuestos eran el dinero y a veces bienes (por ejemplo, una porción de la cosecha) con que la gente pagaba al gobierno el costo de servicios y obras públicas (como los caminos).

Zaqueo había oído hablar de Jesús. Tenía curiosidad de verlo, pero era de baja estatura y no podía ver por encima de la multitud. Por eso, se adelantó y se trepó a un sicómoro. Desde allí podía ver todo.

Al poco rato, Jesús pasó caminando justo por debajo del sicómoro. Levantó la vista y dijo: «¡Zaqueo, baja pronto! Hoy quiero cenar en tu casa».

Zaqueo se sorprendió de que Jesús se dignara dirigirle la palabra. Se bajó del árbol y lo llevó a su casa.

La gente que conocía a Zaqueo movía la cabeza y murmuraba: «¡Ese hombre es deshonesto y pecador y Jesús va a su casa a comer con él!».

Zaqueo cambió su comportamiento por las palabras de Jesús. Ese mismo día, se puso de pie y le dijo a Jesús que iba a regalar la mitad de su dinero a los pobres y que a quienes les había exigido algo de más, les devolvería cuatro veces más.

Jesús le dijo a Zaqueo: «He venido a buscar y a salvar a las personas que estaban perdidas. Hoy tú y tu familia se han salvado».

En casa de María
MATEO 26: 6–13; MARCOS 14: 3–9; JUAN 12: 1–8

Jesús y sus discípulos pasaban por el pueblo de Betania donde vivían María y Marta, las amigas de Jesús.

Las hermanas invitaron a todos a cenar en su casa.

Después de la comida, María sacó un frasco de perfume.

Era un perfume caro.

Antiguamente, los ungüentos y aceites perfumados se guardaban en frascos herméticamente cerrados que solo se podían abrir rompiendo la boca del frasco.

María amaba a Jesús y quería demostrarle su amor. Se arrodilló, vertió el perfume sobre los pies de Jesús y los secó con sus cabellos. La habitación quedó inundada de una dulce fragancia.

A un discípulo llamado Judas Iscariote no le gustó lo que María había hecho y le dijo: «¡Ese perfume valía trescientas monedas de plata! ¿Por qué no lo vendiste para dar el dinero a los pobres?».

A Judas no le importaban realmente los pobres. Dijo eso porque la bolsa del dinero estaba a su cargo y a veces se robaba el dinero.

Jesús respondió: «No regañes a María. Ha hecho algo hermoso para mí. A los pobres puedes darles lo que quieras. Siempre los tendrás contigo, pero a mí no siempre me tendrás».

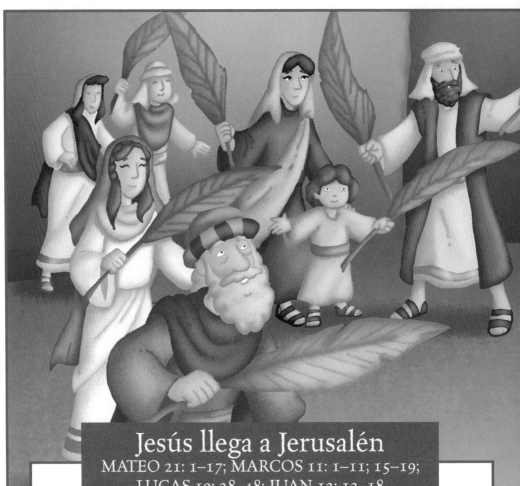

Jesús llega a Jerusalén
MATEO 21: 1–17; MARCOS 11: 1–11; 15–19;
LUCAS 19: 28–48; JUAN 12: 12–18

Al día siguiente, había mucha gente en Jerusalén para celebrar la Pascua. Todos sabían que Jesús también vendría para la Pascua.

Jesús llegó a Jerusalén montado en un burro. La gente corrió a saludarlo.

La Pascua dura siete días (8 días fuera de Israel) y conmemora el Éxodo y la liberación de Israel de la esclavitud de Egipto. Durante una comida especial llamada séder se vuelve a relatar la historia del Éxodo.

La gente tendía en el camino **ramas de palma** para que pasara Jesús y gritaba: «¡Hosanah! ¡Bendito el que viene en nombre del Señor! ¡Bendito sea el Rey de Israel!».

Tender ramas por el camino era una forma de dar la bienvenida a la ciudad a personas importantes. A veces también tendían ropa.

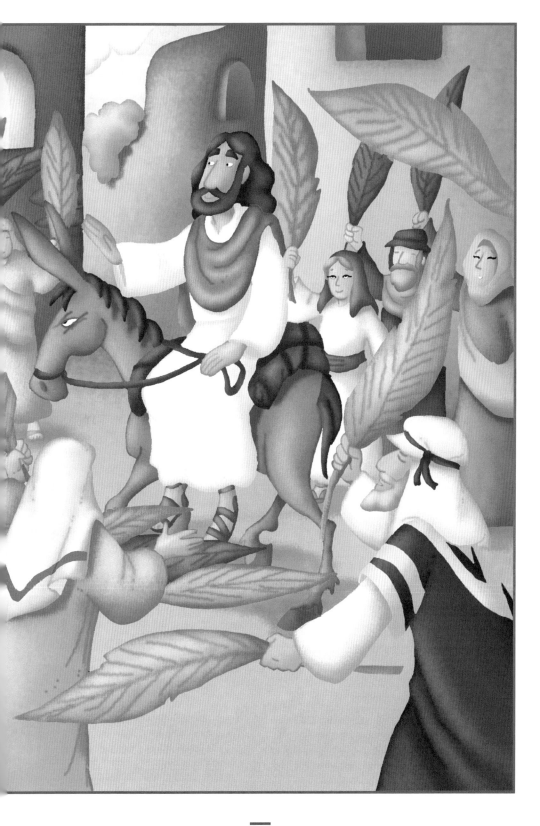

Jesús fue al templo y no le gustó lo que vio. El templo era como un mercado. La gente vendía y compraba cosas. Había hombres que hacían negocio **cambiando dinero**.

Los que cambiaban dinero ponían mesas en el Templo para que la gente cambiara su dinero por el dinero especial que se usaba en las ceremonias religiosas, pero muchos engañaban a la gente.

Al día siguiente, Jesús regresó con sus doce discípulos y empezó a echar del templo a todos los que vendían y compraban. Les dijo que el templo era un lugar para adorar a Dios, no para hacer negocios.

Esto enojó mucho a algunos sacerdotes del templo. Pensaron que Jesús causaba problemas. Se estaba volviendo muy popular. Temían que la gente siguiera a Jesús y dejara de escucharlos a ellos.

Esos sacerdotes se reunieron y decidieron deshacerse de Jesús. Pero ¿cómo? Tenían que pensar en algo.

El pago de los impuestos
MATEO 22: 15–22; MARCOS 12: 13–17; LUCAS 20: 20–26

Los enemigos de Jesús pensaron en un plan para deshacerse de él. Enviaron a unos hombres a escuchar lo que Jesús enseñaba en el templo. Esos hombres fingían ser amables, pero trataban de hacerle decir algo que lo perjudicara ante las autoridades romanas.

Entonces un día, uno de los espías le preguntó a Jesús: «Maestro, sabemos que enseñas la verdad sobre lo que Dios quiere que haga la gente y que tratas a todos por igual, sin importar quiénes sean. Dinos, ¿debemos pagar impuestos al emperador romano o no?».

Jesús conocía muy bien la intención de los hombres y les dijo: «Muéstrenme una moneda».

Uno de los hombres le mostró una moneda de plata.

Jesús le preguntó: «¿Quién está retratado en la moneda y cómo se llama?».

El hombre contestó: «El emperador César».

Entonces, Jesús dijo: «Den al César lo que es del César y a Dios lo que es de Dios».

Sus enemigos no encontraron nada malo en esta respuesta. Se quedaron tan sorprendidos que decidieron marcharse.

Si Jesús hubiera dicho que la gente no debía pagar impuestos al emperador, sus enemigos lo habrían acusado de deslealtad a las autoridades romanas.

La fortuna de la mujer pobre
MARCOS 12: 41–44; LUCAS 21: 1–4

Un día, Jesús estaba en el templo mirando a la gente que ponía dinero en la caja de las ofrendas. Ese dinero era para ayudar a pagar el mantenimiento del templo y para las cosas que necesitaban los sacerdotes.

Jesús vio que toda clase de personas daban dinero. Algunos ricos ponían muchas monedas de plata.

Había 13 cajas para las ofrendas colocadas en la sección para mujeres situada alrededor del templo. Hombres y mujeres podían entrar en esa área, pero solo los hombres podían entrar en el templo.

Entonces, una mujer pobre se acercó a la caja. Tenía en la mano dos monedas pequeñas que juntas solo valían unos centavos, y las dejó caer en la caja.

Jesús llamó a sus discípulos y les dijo: «Miren a esa mujer. Todos han dado mucho más dinero que ella, pero solo dieron de lo que les sobraba. Esta mujer ha puesto mucho más que nadie. Es muy pobre, pero dio todo lo que tenía».

Jesús, el siervo de todos
JUAN 13: 1–20

Jesús y los doce discípulos se reunieron para celebrar la Pascua.

Cuando todos empezaron a comer, Jesús se levantó, buscó un recipiente con agua y una toalla y empezó a lavar los pies de sus discípulos.

La costumbre era que todos tenían que estar limpios para ir a comer. La gente se lavaba antes de salir de su casa, pero generalmente todos andaban descalzos y se ensuciaban los pies con la tierra del camino. Entonces, un sirviente siempre solía lavar los pies de los huéspedes cuando entraban en las casas.

Cuando llegó donde estaba Pedro, este dijo: «Señor, ¿me vas a lavar los pies?».

Jesús respondió: «Tú no sabes lo que estoy haciendo, pero entenderás después».

Pedro pensaba que Jesús no debía actuar como un sirviente y le dijo que no quería que le lavara los pies.

Jesús le dijo: «Si no me dejas que te lave los pies, no eres uno de los míos».

Entonces, Pedro permitió que Jesús le lavara los pies.

Cuando hubo lavado los pies de todos los discípulos, Jesús les dijo:

«Ustedes me llaman Maestro y Señor, y así debe ser porque eso es lo que soy.

»Les he lavado los pies para enseñarles lo que deben hacer los unos por los otros. Hagan lo mismo que yo he hecho por ustedes. Ustedes saben estas cosas y Dios los bendecirá si las hacen».

La Última Cena
MATEO 26: 17–30; MARCOS 14: 12–26;
LUCAS 22: 7–23; JUAN 13: 21–30

Todos los discípulos de Jesús estaban en la fiesta de Pascua. Los doce eran: Pedro y su hermano Andrés, Juan y Santiago, hijos de Zebedeo, Felipe, Bartolomé, Tomás, Mateo, Santiago, hijo de Alfeo, Tadeo, Simón y Judas Iscariote.

Los discípulos eran muy diferentes, algunos tenían más fe que otros, pero todos eran leales a Jesús, excepto uno. Jesús sabía que ese discípulo lo iba a traicionar.

Jesús les dijo: «Les aseguro que uno de ustedes me va a traicionar. Mojaré este pedazo de pan en la copa y se lo daré al que me traicionará».

Jesús mojó el pan y se lo dio a Judas Iscariote.

Judas se levantó.

Jesús le dijo: «Anda y haz lo que tienes que hacer».

Los otros discípulos vieron marcharse a Judas. No sabían lo que estaba sucediendo.

Entonces, Jesús les dijo que pronto se separaría de ellos. Que era hora de que muriera y que ese era el plan de Dios desde el principio.

Luego, les dijo que después de su muerte debían amarse unos a otros como él los había amado.

Los discípulos no querían que Jesús los dejara, pero él les dijo: «Ustedes están muy tristes ahora, pero yo los veré después y se pondrán tan felices que nadie podrá quitarles esa felicidad».

Jesús tomó un pan y lo bendijo. Levantó una copa de vino y agradeció a Dios. Luego compartió el pan y el vino con sus discípulos.

«Este pan y este vino son parte de mí. Tómenlos como una forma de recordarme».

Después, cantaron un himno y fueron al Monte de los Olivos.

La Comunión es la ceremonia con que se recuerda la Última Cena.

Un viernes triste

MATEO 26: 36–68; 27: 1–2, 11–56; MARCOS 14: 32–65; 15;
1–41; LUCAS 22: 39–71, 23: 1–49; JUAN 17, 18, 19: 1–37

Jesús y sus discípulos fueron al jardín en el Monte de los Olivos.

Jesús entró en un huerto de olivos para orar. Los demás se acostaron sobre el suelo y se durmieron. No podían mantener los ojos abiertos.

Cuando Jesús regresó, llamó a sus discípulos: «¡Levántense! Vamos. Ha llegado la hora de que me lleven».

El Monte de los Olivos es una colina situada a media milla de Jerusalén.

Justo en ese momento, escucharon pasos. Un grupo de hombres armados con garrotes y espadas entró en el huerto.

Judas Iscariote estaba con ellos. Señaló a Jesús saludándolo con un beso.

Los hombres agarraron a Jesús y lo llevaron preso. Un hombre le dio a Judas una bolsa con treinta monedas de plata. Ese era su pago por ayudarlos a atrapar a Jesús.

En esa época, se acostumbraba saludar a la gente con un beso en la mejilla.

Por la mañana, llevaron a Jesús ante Poncio Pilato, el gobernador romano.

Los enemigos de Jesús le dijeron al gobernador: «Este hombre dice que es el rey de los judíos. Está sublevando a la gente contra el emperador. ¡Debe ser condenado a muerte!».

Pilato le preguntó a Jesús: «¿Eres culpable?».

Jesús no dijo nada.

El gobernador se sorprendió de que Jesús no se defendiera. Por último, les dijo a sus soldados que se lo llevaran.

Los soldados le pusieron un manto rojo, una corona de espinas y se burlaron del «rey». Luego, le quitaron el manto y lo azotaron.

Lo llevaron a un lugar llamado Gólgota y lo clavaron en una cruz. Así castigaban los romanos a los que cometían crímenes graves.

A mediodía, el cielo se oscureció y permaneció oscuro hasta las tres de la tarde. A esa hora, Jesús exclamó, «¡Padre, en tus manos encomiendo mi espíritu!», y murió.

Un grupo de amigos de Jesús vio todo desde cierta distancia. Después de ver esa terrible escena, quedaron traspasados de dolor y se fueron a casa.

Lugar en las afueras de la antigua Jerusalén donde los romanos ejecutaban a la gente. También se conocía como el «Lugar de la Calavera» seguramente porque estaba cerca de una gran roca en forma de calavera. En español, se le llama Calvario.

Un domingo glorioso
MATEO 27: 57–65, 28: 1–10; MARCOS 15: 42–47, 16; 1–8;
LUCAS 23: 50–56, 24: 1–12; JUAN 19: 38–42, 20: 1–10

Uno de los que vio morir a Jesús en la cruz era un hombre rico llamado José. Era de Arimatea, un pueblo de Judea.

José era honesto y valiente. Era un sacerdote en el templo, pero no estaba de acuerdo con los que habían entregado a Jesús a los romanos. Había escuchado las enseñanzas de Jesús y creía en sus palabras.

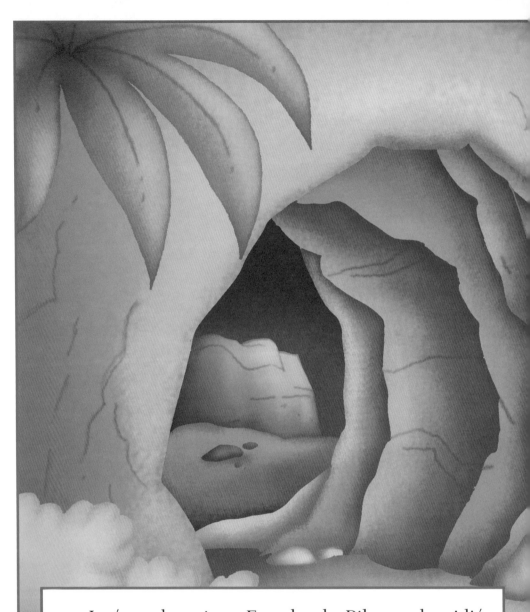

José estaba triste. Fue donde Pilato y le pidió que le entregara el cuerpo de Jesús para enterrarlo.

José bajó el cuerpo de la cruz y lo envolvió en una tela fina. Luego, puso el cuerpo en una tumba hecha en una roca sólida.

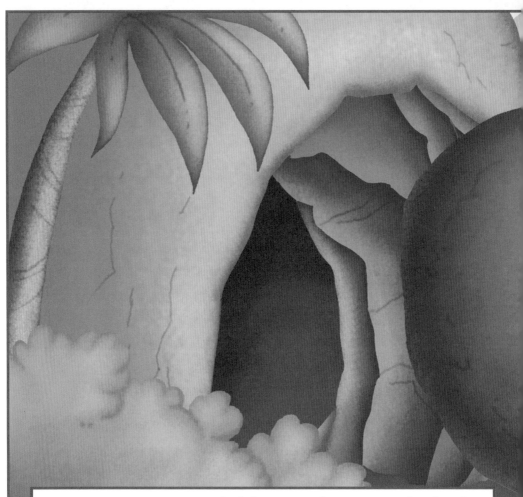

Las mujeres que habían venido con Jesús desde Galilea también estaban ahí. Vieron cómo José colocó el cuerpo de Jesús en la tumba y la tapó con una piedra grande. Luego, fueron a preparar todas las cosas para el entierro.

Esto fue el viernes y al día siguiente era sábado. Según la ley de los judíos, no se podía enterrar a nadie en día sábado, por eso tenían que esperar hasta el domingo.

El domingo por la mañana, María Magdalena, Juana, María, la madre de Santiago y algunas otras mujeres regresaron a la tumba. ¡Alguien había retirado la piedra!

Las mujeres entraron en la tumba. ¡El cuerpo de Jesús no estaba!

De pronto, vieron junto a ellas a dos hombres vesti
dos de blanco. Las mujeres se asustaron y cayeron de
rodillas.

Uno de los hombres les dijo: «¿Por qué buscan en el
lugar de los muertos al que está vivo? Jesús no está aquí.
Ha resucitado de entre los muertos».

Las mujeres salieron de la tumba. Tenían que avisar a
los once discípulos inmediatamente.

La mayoría de los discípulos no creyó la historia, pero Pedro corrió a la tumba y entró. Lo único que vio fue la tela fina con la que José de Arimatea había envuelto el cuerpo de Jesús dos días antes.

¡Jesús está vivo!
MARCOS 16; LUCAS 24

Dos hombres caminaban hacia la ciudad. Eran seguidores de Jesús. Habían creído que era Él quien salvaría a Israel y estaban muy tristes.

En el camino, se encontraron con un hombre a quien no conocían. El hombre caminó un rato con ellos. Hablaron de todo lo que le había pasado a Jesús. El hombre les dijo que no estuvieran tristes, que todo había sucedido como Dios había planeado.

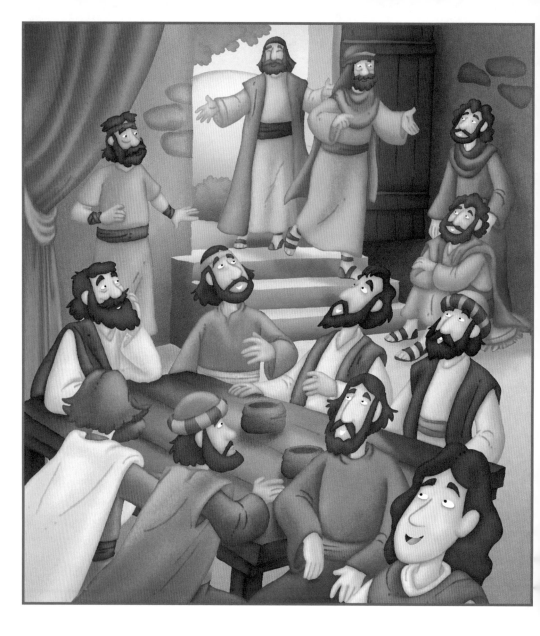

Cuando el hombre se fue, se dieron cuenta de que habían hablado con Jesús. Regresaron rápidamente a Jerusalén para avisar a los discípulos.

Todos los discípulos estaban juntos y escucharon la historia de los dos hombres. ¿Será verdad?, se preguntaban unos a otros.

Cuando estaban hablando, escucharon una voz y levantaron la vista. ¡Jesús estaba de pie junto a ellos!

Los discípulos se quedaron aterrados. Debe de ser un fantasma, pensaron.

Jesús les dijo: «¿Por qué tienen miedo? ¿Por qué dudan? Miren mis manos y mis pies y vean quién soy. Tóquenme. Los fantasmas no son de carne y hueso como yo».

Los discípulos estaban tan asombrados que no podían creer lo que veían. Entonces, Jesús les pidió **algo de comer**. Le dieron pescado y lo vieron comer.

Recuerda que la gente creía que comer era señal de que alguien estaba vivo, ya que los fantasmas no necesitan comida.

Jesús es llevado al cielo
MARCOS 16: 19–20; LUCAS 24: 50–53; HECHOS 1: 1–11

Jesús se quedó con los once apóstoles durante cuarenta días. Les habló del Reino de Dios.

Un día les dijo: «No se vayan de Jerusalén todavía. Esperen aquí. Juan bautizaba a la gente con agua, pero ustedes pronto serán bautizados con el Espíritu Santo».

Pocos días después, uno de los apóstoles le preguntó: «Señor, ¿le darás a Israel su propio rey otra vez?».

Jesús les dijo que no necesitaban saber lo que Dios había planeado ni cuándo sucederían los acontecimientos.

«Pero el Espíritu Santo descenderá sobre ustedes y les dará poder —dijo a sus amigos fieles—. Entonces, hablarán de mí a toda la gente de Jerusalén, de Judea, de Samaria y de todo el mundo».

Cuando dijo esto, apareció una nube y Jesús fue elevado hasta la nube ante los ojos de los apóstoles. Aunque ya no podían verlo, siguieron mirando el cielo mientras Jesús se elevaba.

De pronto, se les aparecieron dos hombres vestidos de blanco que les dijeron: «Jesús ha sido llevado al cielo, pero regresará a ustedes tal y como lo han visto subir».

La venida del Espíritu Santo
HECHOS 2: 1–42

Diez días después, se celebraba un día de fiesta. Muchos de los seguidores de Jesús estaban reunidos: los apóstoles, las mujeres que vinieron de Galilea con Jesús y otros. Los apóstoles eran doce nuevamente. Habían elegido al fiel discípulo Matías para reemplazar a Judas Iscariote, el que traicionó a Jesús.

> Esa fiesta se conoce con el nombre de Pentecostés. Se celebra el séptimo domingo después de la Pascua para recordar el descenso del Espíritu Santo sobre los apóstoles.

De pronto, se oyó un ruido, como de una fuerte ráfaga de viento, que descendió del cielo y llenó toda la casa.

Entonces, los discípulos vieron lenguas de fuego que se movían por todas partes y luego se posaban sobre todos los presentes.

En ese mismo instante, todos quedaron llenos del Espíritu Santo y se pusieron a hablar en lenguas diferentes.

Una gran multitud había venido a Jerusalén para celebrar la fiesta. Cuando oyeron ese gran ruido, fueron a ver qué pasaba. Había gente de muchos países y muchos hablaban lenguas diferentes, pero podían entender todo lo que los seguidores de Jesús decían.

«¿Qué sucede? —se preguntaban—. ¿Qué significa esto?»

Los apóstoles permanecieron juntos. Pedro se dirigió a la multitud y dijo: «Escuchen lo que les voy a decir sobre Jesús de Nazaret. Dios ha demostrado por medio de los milagros y las maravillas que llevó a cabo Jesús que él lo había enviado.

»Jesús fue llevado al cielo, está sentado a la diestra de Dios y lleno del Espíritu Santo. Jesús nos dio el Espíritu a nosotros también y eso es lo que ustedes ven y oyen ahora».

La gente estaba asombrada y asustada. «¿Qué debemos hacer?», le preguntaron a Pedro.

Pedro les dijo: «Conviértanse y bautícense en el nombre de Jesucristo. Entonces vendrá sobre ustedes el Espíritu Santo. Esta promesa es para ustedes y para sus hijos, dondequiera que vivan».

Mucha gente creyó el mensaje de Pedro. Y ese día fueron **bautizadas** unas tres mil personas.

El bautismo es una práctica religiosa que consiste en un lavado simbólico de los pecados con agua. También simboliza el comienzo de una vida nueva.

Un milagro en la puerta "La Hermosa"
HECHOS 3, 4: 1–22

Eran las tres de la tarde. Pedro iba al templo de Jerusalén a adorar con Juan, otro de los discípulos.

Para entrar en el templo, Pedro y Juan tenían que pasar por una puerta llamada La Hermosa.

A las personas con problemas físicos no se les permitía entrar en el templo, pero podían sentarse junto a esta entrada a mendigar.

Todos los días a esa hora, un hombre que no podía caminar se sentaba a mendigar junto a la puerta. Al ver a Pedro y a Juan, el tullido extendió la mano y les pidió una limosna.

Pedro y Juan vieron al hombre. Pedro le dijo:
«¡Míranos!».

El hombre levantó la vista con una sonrisa de esperanza. Pensó que le darían dinero.

Pero Pedro le dijo: «No tengo plata ni oro, pero lo
que tengo te doy. En nombre de Jesucristo de Nazaret,
levántate y camina».

Pedro tomó al hombre de la mano.

En ese instante, los pies y los tobillos del hombre recuperaron su fuerza y se levantó de un salto. Dio unos pasos y ¡caminó!

Cuando era inválido, no le permitían entrar en el templo, pero ahora entró por la puerta con Pedro y Juan caminando, saltando y cantando alabanzas a Dios.

La gente del templo conocía al tullido que hacía poco mendigaba junto a la puerta La Hermosa, pero ¡ya no era inválido!

Pedro le dijo a la multitud que el poder de Jesús había curado al tullido. A los sacerdotes del templo no les gustó lo que Pedro dijo, pero todos alabaron a Dios por el milagro que acababan de ver.

Un nuevo apóstol
HECHOS 9: 1–31; 22: 1–16; 26: 9–18

Pedro y los demás apóstoles fueron a predicar a las ciudades cercanas a Jerusalén. Cada vez más gente se hacía bautizar en nombre de Jesucristo; y se les llamaba cristianos.

Sin embargo, muchas personas pensaban que ser cristiano era algo malo. Una de ellas era un oficial del templo llamado Saulo.

Saulo no pensaba que era bueno que adoraran a Jesús en ninguna parte. Entraba en las casas de los cristianos y se los llevaba presos.

Saulo oyó decir que los apóstoles de Jesús predicaban en la ciudad de Damasco. Le pidió al jefe del templo que escribiera cartas a los oficiales de Damasco para que arrestaran a todos los que creyeran en Jesús. Luego los llevaría a Jerusalén para que fueran juzgados.

Damasco era una de las ciudades más antiguas y populosas del Medio Oriente y un importante centro comercial.

Saulo y algunos otros hombres fueron a Damasco enviados por el jefe del templo. Estaban cerca de la ciudad cuando, de pronto, una luz fuerte del cielo envolvió a Saulo. La luz era tan fuerte que Saulo cerró los ojos y cayó al suelo.

Una voz le dijo: «Saulo, Saulo, ¿por qué eres tan cruel conmigo? Levántate y ve a la ciudad. Allí te dirán lo que debes hacer».

Saulo se levantó y abrió los ojos. ¡Pero no veía nada!
Tuvieron que tomar a Saulo de la mano para guiarlo
hasta Damasco. Él estuvo ciego durante tres días.

Entonces, un hombre llamado Ananías vino a la casa donde se hospedaba Saulo. Ananías era un seguidor de Jesús.

Él puso las manos sobre Saulo y le dijo: «El Señor, Jesús, me ha enviado para que veas y seas lleno del Espíritu Santo».

Cuando Ananías terminó de hablar, algo parecido a unas escamas cayeron de los ojos de Saulo y ¡este recobró la vista! Al mismo tiempo quedó lleno del Espíritu Santo.

Saulo se quedó con los seguidores de Jesús en Damasco y fue bautizado. Al poco tiempo, comenzó a predicar que Jesús era el camino hacia Dios. Se volvió un apóstol. Después de algún tiempo, su nombre fue cambiado a Pablo.

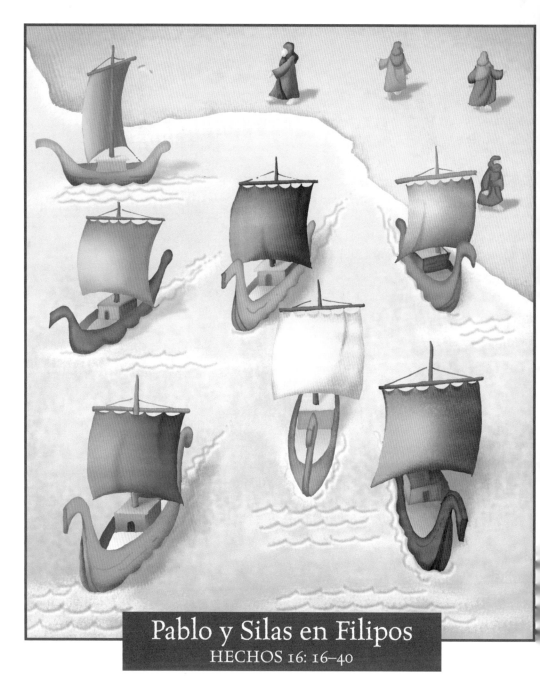

Pablo y Silas en Filipos
HECHOS 16: 16–40

El apóstol Pablo llevó las Buenas Noticias de Jesús a lugares alejados de Judea. Él y sus ayudantes navegaron por el mar Mediterráneo. Fueron por caminos polvorientos a las ciudades cercanas de la costa.

Pablo hizo muchos viajes. Bautizó a miles de personas, pero tuvo problemas en muchas ciudades. Los sacerdotes del templo de Jerusalén enviaron gente para incitar a la multitud contra él. Muchas veces, le pegaron y lo echaron de los pueblos. Otras veces, lo encarcelaron.

Esto último sucedió en la ciudad de Filipos. Pablo estaba con su amigo Silas, otro apóstol.

Algunas personas dijeron que Pablo y Silas les mandaban a hacer cosas que no estaban permitidas por las leyes romanas.

Una multitud furiosa se arremolinó alrededor de Pablo y Silas, les dieron una paliza y los llevaron a la cárcel.

Ciudad de Macedonia situada a unas 8 millas del mar Egeo, cerca de lo que hoy es la ciudad griega de Kavala.

En la cárcel, les encadenaron los pies, pero Pablo y Silas no se asustaron. En la noche oraban y cantaban alabanzas a Dios.

A medianoche, sintieron temblar la tierra debajo de la cárcel. La cárcel empezó a sacudirse. ¡Era un terremoto!

El temblor se hizo más fuerte. De pronto, las puertas de la cárcel se abrieron y las cadenas se rompieron.

Pablo y Silas podían haber escapado, pero no lo
hicieron.

Al día siguiente, algunos guardias fueron a la celda. Se sorprendieron al ver que Pablo y Silas estaban todavía ahí y les dijeron que podían irse.

Pero Pablo les dijo: «Somos ciudadanos romanos. Los oficiales de esta ciudad dejaron que nos pegaran y nos trajeran a la cárcel sin juzgarnos. Ahora quieren que nos vayamos en secreto. No, no lo haremos. Tendrán que venir personalmente para sacarnos».

Los ciudadanos romanos tenían derechos especiales y como los oficiales de la ciudad no querían tener problemas, fueron hasta la cárcel y les dijeron a Pablo y a Silas que sentían mucho lo que había pasado y los pusieron en libertad.

Después, Pablo y Silas se fueron de Filipos a otras ciudades. Nada podía impedirles que predicaran y hablaran al mundo acerca de Jesús.

Solo un número pequeño de las personas que vivían en el imperio romano eran ciudadanos. Los ciudadanos tenían derechos y privilegios especiales.

Un mundo nuevo
APOCALIPSIS 1; 22:8–21

Con el tiempo, mucha gente se volvió cristiana. Había cristianos en muchas partes del mundo, incluso en la ciudad de Roma.

Pero la mayoría de la gente seguía creyendo en los dioses romanos. Entonces, el gobierno de Roma ordenó a la gente que adorara al emperador porque también era un dios.

Los cristianos continuaron adorando a Dios y a su Hijo. Se negaban a adorar al emperador aunque los castigaran.

Un cristiano llamado Juan no dejaba de predicar acerca de Jesús. Entonces, lo mandaron a una **isla** muy lejana.

Patmos es una isla rocosa y montañosa del mar Egeo. Los romanos a veces mandaban a la gente que criticaba al emperador a ese lugar.

Un domingo, Juan sintió que el Espíritu Santo le llenaba la mente. Era como si estuviera en un sueño.

En el sueño, Juan escuchó una voz fuerte que parecía una trompeta. Se dio la vuelta para ver quién le hablaba.

Juan vio a Jesús. Vestía un manto largo con un cinturón de oro alrededor del pecho. Brillaba tanto como
el sol.

Juan cayó a sus pies, pero Jesús puso la mano derecha sobre Juan y le dijo: «No temas. Soy el que vive. Estuve muerto, pero ahora vivo para siempre.

»Pronto regresaré y cuando lo haga, premiaré a todos por sus buenas acciones. Para ellos ya no habrá muerte ni sufrimiento ni llanto ni dolor.

»Pero los que han obrado mal, serán arrojados a un lago de fuego ardiente».

Jesús le mostró a Juan muchas visiones del futuro y Juan escribió todo en un libro.

Al final del libro escribió: «Entonces, Señor Jesús, ¡regresa pronto! Oro porque el Señor Jesús tenga misericordia de todos ustedes».

INTRODUCCIÓN

Padres de familia, estas páginas son para ustedes.

Estudios realizados recientemente señalan que los padres siguen siendo las personas que más influyen en la vida de sus hijos. Estas páginas tienen por objeto ayudar a los padres a dar a sus hijos el mejor de los ejemplos, a prepararse bien y a motivarlos para compartir su fe, leyendo y comentando las historias de la Biblia de una manera amistosa e informal.

Será una experiencia agradable para padres e hijos. Pasarán momentos gratos y se unirán más. Reirán, aprenderán y amarán juntos.

¡Que se diviertan leyendo y compartiendo!

— *Rich Bimler*

PADRES E HIJOS

1. Aprende a perdonar • Génesis 31–33
2. Recursos para explicar la resurrección • Mateo 28
3. ¡Dios nos ha bendecido! • Mateo 19
4. La historia de Jesús • Lucas 2:8–14
5. Curando a los enfermos • Lucas 4
6. Sirviendo a otros • Juan 13
7. Dios nos ama • Lucas 15:11–32
8. Haciendo frente a los temores de la vida • Lucas 8
9. ¡Somos la esperanza hecha realidad! • Lucas 2
10. Compartan todos sus dones • Mateo 2
11. Redimidos • Mateo 26–27
12. Ama a otros • Lucas 10:30–37
13. Los amigos • I Samuel 18–19
14. Viviendo según la promesa • Génesis 6–9
15. Maravillándonos ante los milagros • Génesis 1–2
16. La adoración a Dios • I Reyes 8
17. La oración • Mateo 6:9–13
18. La confianza • Éxodo 16–17
19. ¡Demos gracias a Dios! • Lucas 17
20. Estando unidos • Rut 1–4

APRENDE A PERDONAR
(Génesis 31–33)

El perdón es un don de Dios para todos. En la historia de la Biblia, Jacob temía que Esaú no quisiera perdonarlo. Trató de hacerle regalos para que su hermano lo perdonara y volviera a quererlo. ¡Y qué hermoso fue para Jacob saber que Esaú ya lo había perdonado! Eso es justamente lo que sucede con nosotros. Jesús continúa perdonándonos y siempre nos va a aceptar como somos… ¡eso es por mucho tiempo!

Después de leer la historia de Jacob y Esaú en Génesis 31–33, cuéntenles a sus hijos cómo sus padres u otros familiares los perdonaron cuando eran niños.

Díganles que recuerden cuándo ustedes los perdonaron y también cuándo les pareció que no los perdonaron.

La clave para vivir y compartir el perdón con otros no es perdonar porque somos buenos, ni porque la otra persona lo merece, sino recordar que Dios, por medio de Jesús, nos perdona, especialmente cuando no lo merecemos.

Díganles a sus hijos, ahora mismo, que los perdonen cuando no son tan cariñosos o no los cuidan como debieran. Díganles cuánto lamentan los errores que cometieron y pídanles que digan: «Te perdono, mamá (papá)». Luego, pídanles que digan por ejemplo: «Mamá (Papá), perdona porque… (que les cuenten cuando hicieron algo malo)».

¡La vida se ha hecho para dar… y perdonar!

La resurrección de Jesús es la clave de nuestra fe.

Díganles a sus hijos que piensen en las cosas que crecen a su alrededor (flores, polillas, pasto, bebés). Ayúdenlos a encontrar otras cosas que les son familiares. Una semilla parece que no tiene vida, pero se convierte en una flor hermosa; un gusano no tiene buen aspecto, pero se vuelve una mariposa hermosa… y así sucesivamente.

Jesús murió el Viernes Santo y parecía que su vida había terminado, pero la resurrección de Jesús demuestra que está vivo, en este mismo instante. Vuelvan a leer Mateo 28.

Pregúntenles a sus hijos qué habrían sentido si hubieran estado en la tumba de Jesús el domingo de Pascua. ¿Se habrían puesto felices o tristes? ¿Se habrían sorprendido o se habrían asustado?

En los próximos días, preparen una sorpresa de Pascua para la familia… ¡aunque no sea Pascua! Hagan para cada persona bolsas de papel con cosas que les recuerden la resurrección: la fotografía de una mariposa, una semilla, un globo, una estampa de Jesús, una flor. Repartan las bolsas entre sus familiares y díganles que añadan otras cosas que les recuerden la resurrección de Jesús.

¡DIOS NOS HA BENDECIDO!
(Mateo 19)

Lean en familia a Mateo 19. Los niños eran y son una prioridad para Jesús. Expliquen a sus hijos que el Señor sigue amando a todos los niños a través de sus padres y de otras personas adultas.

Algunos adultos de esta historia pensaban que los niños no eran tan importantes. Eso sucede también hoy. Mencionen a algunas personas que conocen, que son amables y ayudan a los niños y también a otras personas que no siempre estimulan ni ayudan a los pequeños.

Canten o digan juntos: «Cristo ama a los niñitos, todos son preciosos para él: rojos, amarillos, sí, negros y blancos también, los niñitos son preciosos al Señor.» Agradezcan a sus hijos por ser parte de su familia. Díganles que los quieren y que son una bendición especial para ustedes. Y luego díganse unos a otros: «¡Eres una gran bendición para mí!».

¡El Señor nos ha bendecido para que seamos una bendición para otros!

LA HISTORIA DE JESÚS
(Lucas 2: 8–14)

Esta es una de las historias más lindas de la Biblia. Un ángel se apareció a los pastores y les anunció que Jesús había nacido en Belén. Los pastores se asustaron mucho, pero el ángel les dijo: «No tengan miedo, les traigo buenas noticias».

A nosotros también nos visita el Señor cada día. Viene a través de palabras, de acciones, de gente e incluso a través de la familia, y nos permite ser como el ángel y contar la historia de Jesús.

Cuéntenles a sus hijos la siguiente historia: A una niña le pidieron que representara el papel de ángel en el programa de Navidad de la iglesia. La niña se aprendió de memoria lo que tenía que decir: «No teman, les traigo muy buenas noticias que los llenarán de alegría». Pero cuando le llegó el momento de hablar, se asustó, se olvidó de las palabras exactas que tenía que decir y no sabía lo que significaban. Entonces gritó: «¡Oigan, no se preocupen! ¡No saben las buenas noticias que les traigo!».

No importa cómo cuenten la historia ni las palabras que usen. Jesús ha nacido para amar, perdonar y bendecirnos a todos cada día.

Despídanse unos de otros diciendo: «No temas, Jesús está contigo».

CURANDO A LOS ENFERMOS
(Lucas 4)

Lean en familia a Lucas 4. Esta es una de las muchas historias que relatan cómo Jesús curaba a la gente.

Pregunten ¿cómo cura Jesús a los enfermos? Hay muchas maneras en las que Jesús sigue restableciendo la salud de las personas de todas las edades. Lo hace por medio de los médicos y de las enfermeras que nos atienden. Lo hace a través de los abuelos y de otros adultos que cuidan de los niños. Y, ciertamente, lo hace a través de los padres que aman, escuchan y abrazan a sus hijos.

Jesús no solo cura el cuerpo, sino también la mente y el espíritu. Las personas están verdaderamente sanas cuando saben que Dios las ama y las perdona aunque no estén enfermas ni tengan algún impedimento físico.

Jesús continúa sanando a la gente ahora, hoy mismo, a través de cada uno de nosotros y lo hace cuando amamos y nos cuidamos unos a otros.

Lean en la Biblia Juan 13.

El lavar los pies de otros es algo que no todo el mundo haría, ¿verdad? Pero díganles a sus hijos que recuerden alguna oportunidad en la que ustedes les lavaron los pies, les vendaron una herida de la mano, los ayudaron a limpiar su cuarto, les lavaron la cara sucia o lavaron su ropa. Todas son cosas parecidas.

Jesús lavó los pies de sus discípulos para mostrarles que quería ayudarlos de un modo especial. Él manda a nuestras vidas personas como los padres, los maestros y los abuelos que nos ayudan cuando no podemos hacer las cosas nosotros mismos.

Jesús también contó esta historia para demostrarnos que todos debemos ayudar a las personas que nos rodean. Como Jesús nos ama y nos sirve, nosotros podemos amar y servir a otras personas.

Hablen de las personas de su familia y de su vecindario que necesitan ayuda. ¿Cómo podemos ayudarlos? ¿Qué podemos hacer esta semana aunque no nos pidan ayuda? Quizás podamos llevar a pasear al perro o sacar la basura de alguien. Quizás un abrazo cordial los haga sentirse mejor. La ayuda no tiene que consistir en grandes cosas, puede ser algo muy simple.

Terminen su conversación agradeciendo a Jesús por mandar a nuestras vidas a gente que nos ayuda para que también nosotros podamos ayudar a otros.

La alegría de vivir en una familia radica en saber que siempre nos aman, aunque no lo merezcamos. Esa es la clave de todas las acciones y reacciones en una familia. Cuando se ha dicho y hecho todo y cuando las cosas se hacen o se dicen equivocadamente... ¡nuestra familia nos sigue amando y el Señor también! E incluso cuando no decimos palabras cariñosas ni hacemos cosas buenas, el amor de Dios siempre nos acompaña. ¡Qué grande es el don de amor que tenemos para compartir!

Eso es lo que nos dice esta historia sobre la familia. Un joven se va de su casa y el mundo lo confunde. Regresa a casa y encuentra que su hermano mayor está enojado porque su padre lo acepta y lo sigue amando. Eso sucede de una manera u otra en todas las familias.

Hablen hoy con su familia sobre el amor de Dios para todos. La mejor manera de amar es expresar y demostrar amor cada día. En una familia, sigue habiendo amor, aunque no todos lo compartan, porque ¡Jesús vive en nosotros!

HACIENDO FRENTE A LOS TEMORES DE LA VIDA
(Lucas 8)

Pregúnteles a los miembros de su familia, ¿han sentido miedo de algo? Pidan que cada uno diga cuándo sintió miedo comenzando por los adultos.

Todos, jóvenes y viejos, han sentido miedo alguna vez. Es parte de la naturaleza humana tener miedo a lo desconocido, a las enfermedades, a los problemas familiares, al futuro y así sucesivamente. Lean juntos el capítulo 8 de Lucas. Fíjense qué asustados estaban los discípulos, a pesar de que Jesús estaba con ellos en la barca.

Señalen que tener miedo de algo no quiere decir que no se tiene fe. Jesús siempre está con nosotros, en la «barca de nuestras vidas», aunque a veces pensemos que está dormido y no nos presta atención. Jesús calma las tormentas de nuestra vida y domina los vientos de la preocupación que nos rodean, pero lo hace según su propio plan.

Los padres les dan seguridad y tranquilizan a sus hijos, especialmente cuando están preocupados o asustados por los truenos y los rayos, o por el examen del día siguiente, por el temor a ser maltratados e incluso por temor al rechazo. Es aconsejable que, cuando los hijos sientan miedo, los padres les aseguren que Dios está presente, abrazándolos, preguntándoles qué les molesta y diciéndoles que él está cerca y los ama.

En cierto sentido, cuando tranquilizamos, amamos y abrazamos a nuestros hijos, la mano de Jesús los toca para curarlos, aceptarlos y amarlos. Estén alertas a las señales de miedo en las vidas de sus hijos. Tiéndanles una mano, como Jesús nos la tiende a todos nosotros.

Recuérdenles a sus hijos con frecuencia lo que se dice a lo largo de toda la Biblia: «No teman… ¡Yo estoy con ustedes!».

¡SOMOS LA ESPERANZA HECHA REALIDAD!
(Lucas 2)

Lean a Lucas 2 en familia. Esta historia maravillosa se puede leer y comentar en cualquier época del año. Está llena de esperanza para todos, viejos y jóvenes; y es mucho mejor cuando alguien la lee rodeado de miembros de la familia.

Comenten qué habrían sentido si hubieran estado presentes cuando nació Jesús. ¿Qué habrían dicho o hecho? ¿No es sorprendente que Jesús naciera en un lugar tan tranquilo y pequeño como Belén, en un establo con animales y pastores? Este hecho ciertamente nos indica que Jesús vino para el bien de toda la gente: jóvenes y viejos, ricos y pobres, negros y blancos.

Cuenten la historia del niño que representaba al dueño de la hostería en una obra de Navidad en la escuela dominical. Cuando José le preguntó si tenía una habitación, el niño se entusiasmó tanto con el nacimiento de Jesús que contestó: «¡Claro que sí, pasen no más!».

La historia de Navidad nos llena de esperanza, aunque no nos sintamos esperanzados. Tener esperanza es saber que aunque no haya esperanza… ¡hay esperanza en el Señor!

Recuérdenles a sus niños que Jesús vino para dar esperanza a todo el mundo. La historia de Navidad lo dice todo: «¡Allí en Belén… nació Jesús!». Y continúa naciendo en nosotros todos los días de nuestras vidas, y compartiendo con nosotros la esperanza del amor y el perdón de Dios para todos.

Pídanles a sus hijos que piensen en cosas que dan esperanza y que recuerdan el nacimiento de Jesús: un bebé recién nacido, la palabra cariñosa de un amigo, la oportunidad de ayudar a alguien. Terminen su conversación leyendo otra vez el capítulo 2 de Lucas.

Celebren la esperanza en el Señor y ¡tengan una Feliz Navidad cada día!

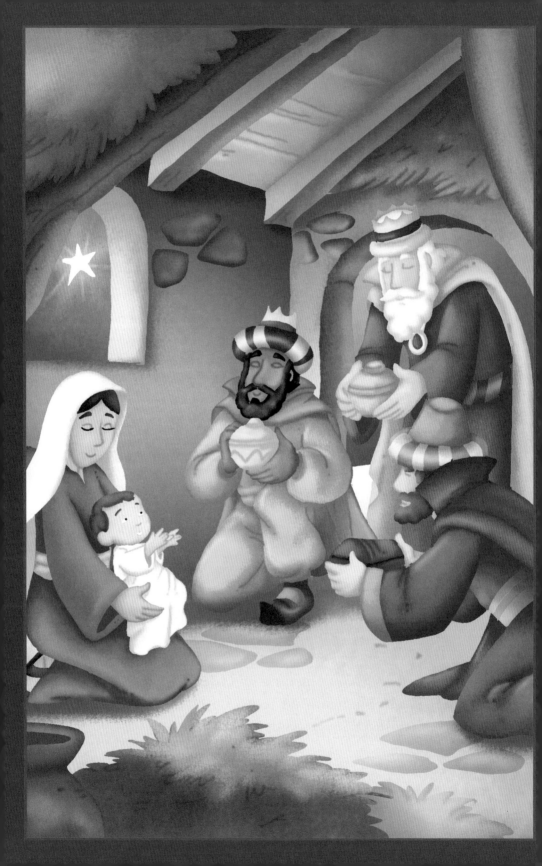

COMPARTAN TODOS SUS DONES
(Mateo 2)

Cuando se reúnan, comiencen con una oración para agradecer a Dios por todos los dones que él le ha dado a cada uno. Permitan que cada uno agradezca a Dios por algún don que él le ha dado. Por ejemplo, «Gracias, Señor, por darle a mi mamá el don de escuchar y a mi papá el don de reír», etcétera.

Lean Mateo 2 y hablen de los regalos que cada uno de ustedes le hubiera llevado a Jesús para celebrar su nacimiento. ¿Cuál es el regalo favorito que Dios te ha dado? ¿Es quizás la música, el don de escuchar, de practicar atletismo, de escribir o de ayudar a otros? Hagan una lista de esos dones y pónganla en un lugar visible de la casa durante toda la semana.

Todos hemos recibido muchos dones y habilidades. Todos hemos sido bendecidos con diferentes talentos, por ejemplo, cocinar, organizar, cuidar a alguien, reparar cosas o contar historias. Los magos del Oriente le llevaron regalos caros a Jesús. Los dones que compartimos con otros también son muy valiosos porque ayudan a otras personas, tal como lo hizo Jesús. Cuando obedecemos a mamá, ese es un don que ofrecemos al Señor. Cuando perdonamos a nuestros hijos, ese es realmente un gran don. Cuando cuidamos a nuestro hermano pequeño, ese es un don que ofrecemos a Jesús.

Hablen con su familia de que a veces nos concentramos en habilidades que no tenemos, en los errores que hacemos, en las limitaciones que todos tenemos. ¿No es maravilloso que nadie pueda hacer todo bien? Por eso, necesitamos los unos de los otros y debemos ayudar a otras personas a usar los dones que el Señor les ha dado.

Los magos del Oriente dieron regalos a Jesús y ahora Jesús hace posible que demos regalos a los que nos rodean, comenzando con nuestra propia familia.

Terminen la conversación hablando de cómo cada uno de ustedes piensa usar su don especial para ayudar a otras personas en la semana que sigue. Digan juntos: «Te agradecemos, Señor, por todos los dones que nos has dado».

REDIMIDOS
(Mateo 26–27)

Comiencen con esta oración: «Gracias, Jesús, por morir en la cruz por nosotros. Gracias por dar tu vida para que nosotros podamos tener una vida nueva en ti. Amén».

Cuando se comenta con la familia que Jesús tuvo que morir para redimirnos a cada uno de nosotros se transmite un mensaje poderoso de amor y de perdón. A causa de nuestros pecados, Dios envió a Jesús al mundo a ofrecer su vida para que nosotros pudiéramos tener una vida nueva. Pregúntenles a sus hijos qué piensan de que Jesús haya tenido que morir por nosotros. (Las respuestas probablemente serán: tristes, agradecidos, confundidos o culpables). Recuérdenles que Jesús murió para que nosotros podamos vivir para siempre ahora y en el cielo.

Pregunten si alguien sabe por qué se llama Viernes Santo al día en que Jesús murió.

Vivan este día sabiendo que la vida y la muerte de Jesús nos permiten recibir la vida que Él vivió. Y lo mejor que los padres pueden hacer por sus hijos es tomar conciencia y luego, decirles a sus hijos que la muerte de Jesús en la cruz nos ha redimido a todos.

Compartan estas buenas noticias en todo lo que hagan hoy y cada día.

AMA A OTROS
(Lucas 10: 30–37)

Hablen con sus hijos acerca de sus vecinos. ¿Quiénes son? ¿Qué les gusta de ellos? ¿Cómo los ayudan a ustedes y a su familia a disfrutar más de la vida? Si alguno de sus vecinos necesitara ayuda, ¿lo ayudarían? ¿Por qué sí o por qué no?

Dios nos ofrece a las personas en nuestras vidas para que las ayudemos y para que celebremos. Amamos al prójimo porque Jesús nos ama. Hoy es un buen día para agradecer al Señor por los vecinos, incluso por los que a veces nos enojan o nos decepcionan. Comenten con sus hijos que los vecinos no solamente están ahí para ayudarnos, sino que también ellos deben ser ayudados, aceptados o perdonados.

Lucas 10: 30–37 es una historia muy buena sobre la forma en que el Señor nos alienta a ayudarnos unos a otros, empezando por nuestras familias y nuestros vecinos. Ciertamente es más fácil ayudar a las personas que nos gustan y que nos quieren, pero el Señor también nos pide que ayudemos a los que nos disgustan mucho e incluso a los que no conocemos.

Decidan hacer algo en familia para ayudar a alguien de su vecindario o de cualquier otra parte del mundo. Quizás puedan llevar una canasta con alimentos a una familia pobre, patrocinar a un niño en Sudamérica o ir con toda la familia a un refugio de desamparados para servir comida un fin de semana. Hay tanto que podemos hacer para ayudar al prójimo en todo el mundo. La familia que se une para ayudar a otros se siente más feliz, más sana y más unida.

Jesús les dice hoy a ustedes y a sus hijos: «Vayan y hagan lo mismo».

LOS AMIGOS
(1 Samuel 18–19)

Pídanles a sus hijos que mencionen los nombres de sus mejores amigos. ¿Por qué se acordaron de esas personas? Analicen las razones. Hagan una oración para agradecer al Señor por todas las personas que han mencionado, diciendo, por ejemplo, «Señor, gracias por nuestros amigos. Gracias por poner en nuestra vida a gente que nos conoce y nos quiere. Gracias, Jesús, por ser nuestro amigo. Amén».

Los amigos son un regalo del Señor. En la historia de David y Jonatán en 1 Samuel 18–19, vemos cómo nacen las amistades y cuán importante es tener amigos cercanos. Cuéntenles a sus hijos cómo algunos amigos les ayudaron.

Para tener amigos, tenemos que ser amigos. David y Jonatán eran amigos porque decidieron ayudarse mutuamente cuando surgieron problemas y necesitaron ayuda y apoyo.

¿Qué pueden hacer hoy por su mejor amigo? ¿Qué piensan que necesitan hoy de ustedes sus amigos? ¿Y qué necesitan ustedes de su mejor amigo?

David y Jonatán eran buenos amigos porque ambos amaban a Dios y Dios los amaba. Agradezcan a Dios por todos sus amigos, y sobre todo por Jesús, nuestro amigo común.

VIVIENDO SEGÚN LA PROMESA
(Génesis 6–9)

La historia de Noé y el diluvio trata de la promesa que Dios nos hizo. Dios nos ha prometido amarnos y sernos fiel todo el tiempo.

Hablen con sus hijos del poder y la alegría que nos da saber que tenemos un Dios que nos ama y nunca nos abandonará. Contamos con su promesa aunque no actuemos de acuerdo con ella, ni parezca que lo hagamos ni sintamos que lo hacemos.

Díganles a sus hijos que les cuenten si alguna vez hicieron una promesa a alguien, o si alguien les hizo una promesa a ellos. Pregúntenles con cuánta frecuencia oyen decir: «Te prometo» (limpiar mi cuarto, sacar la basura, hacer mi tarea, jugar contigo o llevarte a ver algún partido). Es fácil hacer promesas, pero muchas veces es difícil cumplirlas.

La historia de Noé nos enseña que aun cuando nosotros no cumplamos nuestras promesas, Dios siempre cumple su promesa de amarnos y perdonarnos. Y eso nos hace especiales, porque sabemos que siempre tenemos un Dios que nos ama.

Pregúntenles a sus hijos si les hubiera gustado ser Noé o alguna otra persona del arca. Debió de ser un viaje muy emocionante, pero lleno de incertidumbre y dudas de cómo terminaría.

Asegúrenles a sus hijos que, aunque no cumplan sus promesas o no hagan lo que deben hacer, el amor de Dios siempre está ahí, tal como estaba en la vida de Noé.

¡Es maravilloso saber que aunque nos olvidemos de quiénes somos, podemos recordar la promesa del arco iris y el amor que Dios nos tiene!

Lean Génesis 1–2 en familia. ¿No les parece una historia llena de milagros sobre el poder y la creación de Dios? Que cada uno de sus hijos comente en qué día de la creación de Dios les hubiera gustado estar presentes. ¿Qué les parece el primer día cuando hizo la luz; o el quinto día cuando creó los peces y las aves? Diviértanse pensando y compartiendo ideas sobre la manera en que Dios creó todo. ¿Creen que se cansó? ¿Cometió algún error? ¿Hay algo que a ustedes les hubiera gustado que creara en lugar de…?

Ahora miren su propio cuerpo, grande o pequeño, viejo o joven. ¡Cada uno es también un milagro de la creación de Dios!

Hagan que sus hijos miren a su alrededor y elijan algo que Dios ha hecho y que a ellos les gusta y disfrutan de manera especial. Estimulen su creatividad, después de todo son criaturas del Creador. Quizás elijan una botella de agua, una flor especial, una piedra, un perro, la televisión, un cuadro favorito de las montañas. Pídanle a cada uno que explique por qué ha elegido ese objeto. Disfruten del intercambio de ideas y expresen su admiración cuando cada persona termine su explicación.

Invítelos a seleccionar partes específicas de la creación de Dios durante todo el día y a agradecer al Señor por haberlas creado. Aconséjeles que al hacerlo demuestren entusiasmo por las creaciones del Señor. Agradezcan al Señor diciendo: «Señor, gracias por crear todo en la vida, incluida mi familia… y por crearme a mí. Ayúdame a disfrutar de todo lo que has creado. Ayúdame a decir ¡Qué maravilla! todos los días. En nombre de Jesús. Amén».

Lean la maravillosa historia del Templo del rey Salomón. ¿Se imaginan un edificio que tarde tanto tiempo en ser construido? Díganles a sus hijos que dibujen una iglesia. ¿De qué tamaño la harían? ¿Qué cosas pondrían en ella?

La iglesia es donde la gente va para adorar al Señor. Puede ser un edificio grande o pequeño. Puede tener cabida para 3.000 personas o quizás solo para cincuenta. El tamaño no importa tanto como las personas que van a esos edificios para adorar a Dios y agradecerle su amor y su perdón en Jesucristo.

El edificio de una iglesia es muy importante para los niños y sus padres porque les da a todos la oportunidad de reunirse para orar, cantar, leer la Biblia y hablar del infinito amor que Dios nos tiene. Además, es importante adorar a Dios junto a otras personas que aman a Dios porque nos anima y nos ayuda a crecer en nuestra fe.

Señalen que en 1 Reyes 8, Salomón, una persona muy sabia, compartió su fe diciendo: «¡Señor, ningún otro Dios del cielo ni de la tierra es igual a Ti!». Esa es una afirmación de fe. Y por eso adoramos a Dios, para compartir nuestra fe en el Señor.

Hablen de la parte del servicio religioso que más les gusta. ¿Les gustan los cantos, las oraciones, el mensaje… o, quizás, estar con sus amigos después del servicio religioso?

La Biblia también nos dice que podemos adorar a Dios en cualquier momento y en cualquier lugar. No es necesario estar en una iglesia para agradecerle y alabarlo. ¿No es una alegría poder adorar en casa cuando nos acostamos o cantar «Jesús me ama» durante el día?

En las oraciones de hoy, agradezcan al Señor por las iglesias a las que pueden ir a adorar. Agradezcan al Señor por los pastores y maestros, que son una bendición para ustedes. Y agradezcan al Señor especialmente por las oportunidades que tienen de orar, cantar y estudiar la Biblia cuando quieren y dondequiera que estén. Terminen el intercambio de ideas en familia diciendo: «Gracias, Señor, por ser nuestro Dios. Gracias por permitirnos venir ante Ti en oración en cualquier momento del día o de la noche. En nombre de Jesús, amén».

LA ORACIÓN
(Mateo 6:9–13)

La oración es un regalo de Dios que siempre está a nuestra disposición. El Padre Nuestro en Mateo 6: 9–13 es la oración que más oran los cristianos de todo el mundo porque abarca la vida, las necesidades y las esperanzas. Afirma categóricamente que nuestro Padre Celestial es nuestro amo y amo de todas las vidas.

Como familia, lean el Padre Nuestro y hagan una pausa al final de cada oración. Pídanles a sus hijos que piensen en algo que haya ocurrido ese día que concuerde con lo que acaban de leer. Honramos a Dios cuando no usamos su nombre en vano o sin pensar. Piensen en todos los dones que Dios nos ha dado este día. ¿A quién hemos perdonado hoy? ¿Qué estuvimos tentados a hacer hoy? ¿Cómo nos ha protegido el Señor del mal hoy?

Recuérdenles a sus hijos que esta es la oración del Señor y que la oración nos ayuda a recordar que el Señor siempre está con nosotros, nos guarda y nos protege en todo momento.

Recuérdenles también que la oración no es para exigir de Dios darnos lo que queremos, sino que es un medio que Dios usa para acercarnos más a Él y para que sepamos que Él es la fuente de todas las cosas buenas de la vida. Oren y repitan el Padre Nuestro todos los días en familia. El Señor siempre está con nosotros a través de la oración.

Quizás también puedan decir esta oración en familia antes de las comidas o en cualquier otro momento: «Ven, Señor Jesús, sé nuestro invitado y bendice estos dones que nos das. Ayúdanos a compartir lo que tenemos. Amén».

Lean la historia de Moisés y los israelitas en el desierto. Pregúntenles a sus hijos qué habrían pensado si hubieran estado con Moisés cuando los alimentos se estaban acabando. Pídanle a cada uno que diga en voz alta una palabra que describa qué habría sentido: hambre, tristeza, miedo, olvido o engaño.

Esta es una lección poderosa sobre la confianza. Todos necesitamos tener a nuestro alrededor personas en las que podemos confiar. Pregúntenles en quién confían: ¿en sus padres, amigos, maestros o vecinos? ¿Qué nos dice que podemos confiar en alguien?

Hagan este experimento. Díganle a uno de sus hijos que se suba a una silla frente a uno de ustedes, que cierre los ojos y luego, salte hacia papá o mamá. Díganles a los otros niños que hagan la prueba también. ¿Saltaron? ¿Tuvieron miedo? ¿Por qué saltaron o por qué no? Todo depende de la confianza. Si confiamos en alguien, estaremos dispuestos a «saltar» porque confiamos en que estaremos seguros.

Eso es exactamente lo que sucedió en el Éxodo. La gente había confiado en Moisés, pero empezaron a dudar cuando los alimentos y el agua se estaban acabando en Horeb, junto a la gran roca; pero cuando hubo qué comer otra vez, se dieron cuenta de que podían confiar en Dios porque hizo lo que dijo que iba a hacer. En eso consiste la confianza.

Los miembros de la familia pueden confiar entre sí, pero a veces también fallan. Tenemos amigos en los que confiamos, pero ellos también nos pueden fallar. Dios es el único en quien podemos confiar siempre. Nos ha dicho y nos ha demostrado que podemos confiar en Él siempre. Agradezcan hoy al Señor por su amor y su perdón. Agradézcanle que Él es un Dios en el que se puede confiar. Siempre está con nosotros, dándonos todo lo que necesitamos.

Para terminar, oren diciendo: «Señor, te agradecemos que podemos confiar en Ti. Ayúdanos a ser personas en las que otros pueden confiar. Perdónanos cuando no somos dignos de confianza. Confiamos en Ti, Señor. Amén».

Aconsejen a sus hijos que vivan el día confiando en las promesas de amor de Dios. ¡Promesas de alegría y paz en nuestras vidas!

¡DEMOS GRACIAS A DIOS!
(Lucas 17)

Disfruten diseñando con sus hijos un letrero grande que diga G-R-A-C-I-A-S. Que cada uno piense en las cosas por las que está agradecido y elijan varias que empiezan con cada letra de la palabra G-R-A-C-I-A-S. Diviértanse intercambiando ideas con esas palabras (G de globo; R de Rosas; A de aviones, aves; C de casas, etc.)

Hagan una lista con esas palabras y pónganla en algún lugar visible de la casa en los próximos días. Esta es una gran manera de recordar cuán agradecidos están con Dios.

De seguido lean la historia en Lucas 17 sobre las diez personas que Jesús curó y cómo sólo una de ellas se tomó la molestia de agradecerle. Pregunten por qué creen que los otros nueve no regresaron para agradecer al Señor. ¿Somos como los nueve o como el que agradeció? Hablen de que los hijos de Dios son como los nueve que no volvieron a dar las gracias, pero también como el que agradeció al Señor. La buena noticia es que Dios sigue amando a toda la gente, a los que le agradecen regularmente y a los que a veces se olvidan de agradecerle.

¡Pero es tan lindo agradecer a Dios por todo lo que nos da! Al hacerlo, recordamos que Dios es la fuente de todos los dones y que nos ha dado vida, amigos y salud para compartir con otros.

Piensen en las maneras en que cada miembro de su familia puede agradecer al Señor por las cosas grandes y pequeñas de la vida. ¿Cómo agradece a Dios un buen cantante? Cantando. ¿Cómo agradece a Dios un maestro? Enseñando bien. ¿Cómo agradece un padre o una madre? Amando a sus hijos. Recuerden que agradecemos al Señor usando los dones que nos ha dado y le agradecemos con nuestras oraciones.

Cuenten la historia del padre que le dio a cada hijo cinco barras de chocolate y preguntó qué iban a hacer con ellas. Uno le dijo que se las iba a comer todas. Otro le dijo que las iba a regalar porque no le gustaba ese tipo de chocolate. Otra le dijo que iba a agradecer a su papá, iba comer una barra e iba a regalar el resto a los que necesitaban algo de comer. Y en eso consiste dar gracias en la Biblia. Debemos agradecer al Señor por los dones que nos da, usar los dones que nos ha dado y compartirlos con los que nos rodean.

Terminen el intercambio de ideas dándole a cada uno algo para que comparta con otra persona: barras de chocolate, sellos de colores, monedas, un marcador de libro... ¡sean creativos! Terminen con una oración y díganle a cada hijo que pida a Dios por algo que empiece con G, con R, con A, con C, con I, con A y con S.

Es lindo estar unidos en los buenos y en los malos tiempos. Ese es el objetivo de la familia: estar siempre a disposición de los demás y estar presentes para amar y cuidar a los miembros de la familia, aunque sea difícil y tengamos que emplear mucho tiempo.

Esa es una de las lecciones claves de Rut 1–4, cuando Noemí y Rut "están unidas" en tiempos buenos y malos.

Mencionen otras cosas que se pueden unir, por ejemplo, los imanes o el Velcro. ¿Pueden sus hijos pensar en otros ejemplos? Resalte el hecho de que Dios da a sus hijos la capacidad de ser solidarios a lo largo de sus actividades y experiencias diarias. Recuerden algunos ejemplos en los que su familia se mantuvo unida en días recientes. El Señor nos ama a cada uno. Nos anima a ser como Noemí y como Rut y nos perdona cuando las cosas no salen bien. Esta historia de la Biblia es un gran ejemplo de la manera en que Dios hace que nuestra familia y nuestros amigos nos apoyen y nos alienten en los buenos y en los malos tiempos.

Para terminar, piensen en las personas de su familia que se han mantenido unidas y se han apoyado mutuamente.

Prometan a todos los miembros de la familia que permanecerán a su lado la semana que viene. No olviden dar gracias por conocer la historia de Noemí y de Rut. Ellas son un gran ejemplo de amistad y esperanza para cada uno de nosotros.

LA ORACIÓN DEL SEÑOR

Padre Nuestro que estás en el cielo, ayúdanos a honrar tu nombre. Ven y establece tu reino para que todos te obedezcan en la tierra, así como te obedecen en el cielo. Danos hoy nuestro pan de cada día. Perdona nuestras ofensas, así como nosotros perdonamos a los que nos ofenden. Líbranos de la tentación y protégenos de todo mal.

LAS ENSEÑANZAS FAVORITAS DE JESÚS

«Que la luz de ustedes brille para que otros puedan ver el bien que hacen y alaben a su Padre que está en el cielo».

— Mateo 5

«Pide y recibirás. Busca y hallarás. Llama y se te abrirá la puerta».

— Mateo 7

«Trata a otros como quisieras que te traten a ti».

— Mateo 7

«Solo hay un Señor y un Dios. Ámalo con todo tu corazón, tu alma, tu mente y tus fuerzas. El segundo mandamiento más importante dice: "Ama al prójimo como te amas a ti mismo". No hay otro mandamiento más importante que estos».

— Marcos 12

«Donde esté tu tesoro allí también estará tu corazón».

— Lucas 12

«Tanto amó Dios a la gente de este mundo que dio a su Hijo Único para que todos los que crean en él no se pierdan sino que tengan vida eterna».

— Juan 3

«Yo soy el camino, soy la verdad y soy la vida. Sin mí, nadie puede ir al Padre».

— Juan 14